ÁLEX ARROYO CARBONELL

El millonario anónimo

Descubre los secretos para atraer el dinero

y la prosperidad a tu vida

EDICIONES OBELISCO

Colección Éxito
EL MILLONARIO ANÓNIMO
Álex Arroyo Carbonell

1.ª edición: noviembre de 2015

Maquetación: *Marga Benavides*
Corrección: *M.ª Jesús Rodríguez*
Diseño de cubierta: *Enrique Iborra*

© 2015 Álex Arroyo Carbonell
(Reservados todos los derechos)
© 2015, Ediciones Obelisco, S. L.
(Reservados los derechos para la presente edición)

Edita: Ediciones Obelisco, S. L.
Pere IV, 78 (Edif. Pedro IV) 3.ª planta, 5.ª puerta
08005 Barcelona - España
Tel. 93 309 85 25 - Fax 93 309 85 23
E-mail: info@edicionesobelisco.com

ISBN: 978-84-9111-033-0
Depósito Legal: B-24.220-2015

Printed in Spain

Impreso en España en los talleres gráficos de Romanyà/Valls S. A.
Verdaguer, 1 - 08786 Capellades (Barcelona)

Introducción

Este libro trata de dos cosas con las que nunca nadie está satisfecho por completo: todo el mundo quiere disponer de más tiempo o más dinero, pero la cruda realidad es que la mayoría de las personas carecen como mínimo de una de las dos, al menos en la cantidad que les gustaría.

Crecí pensando que nuestro destino depende de las circunstancias, pero también aprendí que la persona que logra con autodisciplina el dominio de sí misma puede obtener libertad financiera y disponer asimismo de tiempo y dinero.

En estas páginas te voy a relatar mi propia historia, te contaré desde cómo conocí al millonario anónimo hasta cómo sus consejos y los de otras personas que llegaron a mi vida la transformaron, para que puedas hacer lo mismo con la tuya si es ése tu deseo.

Tienes a tu disposición un tesoro valiosísimo que te entregan gratis cada día: veinticuatro horas de tiempo. Las personas comunes disponen del mismo tiempo diario que el mayor de los multimillonarios del planeta. Lo que haces con tu tiempo puede llevarte desde quien eres ahora hasta convertirte en la persona que puedes llegar a ser y desde lo que tienes ahora hasta lo que puedes llegar a tener en el futuro. Quizá pienses que la diferencia real entre unas personas y otras estriba en sus orígenes, las circunstancias o el destino, pero lo que voy a desvelar a lo largo de estas páginas es lo que exclusivamente depende de ti, porque con la gestión inteligente de tu tiempo y tu dinero puedes cambiar tu vida.

Vivimos en una sociedad donde las cosas realmente importantes no se enseñan en la escuela ni en las universidades. Si hablamos de valores y principios es evidente que ni los títulos ni los cargos los otorgan. Si hablamos de tiempo y el dinero, ¿alguien te enseñó las instrucciones con respecto a ellos? El éxito en la vida se basa en gran parte en el dominio de estos dos factores, pero muy pocos tienen este conocimiento y todavía son menos las personas que aun teniéndolo lo ponen en práctica.

En mi labor profesional he escuchado decir continuamente la dichosa frase: «Es que no tengo tiempo». Es una cantinela que usan las personas inconscientemente. Por supuesto que tenemos tiempo, todos tenemos el mismo cada día. La diferencia entre unas personas y otras radica en cómo lo utilizan.

Cuando están a punto de abandonar este mundo, la mayoría de las personas en su lecho de muerte confiesan a sus seres queridos que el mayor arrepentimiento que tienen es el haber podido hacer ciertas cosas que nunca hicieron. En las siguientes páginas voy a enseñarte a usar tu tiempo y dinero de forma inteligente para ayudarte a lograr tus objetivos. Tu éxito depende de que lo pongas en práctica, para que cuando se acabe tu tiempo en la Tierra no tengas que arrepentirte por no haberlo hecho.

Por otra parte, si yo estuviera leyendo este libro y no conociera al autor, lo primero que pensaría es con qué autoridad este tipo va a hablarme sobre algo tan importante como el tiempo y el dinero. ¿No será un charlatán, o tal vez otro gurú de los que están tan de moda? Es lícito que te hagas estas preguntas, pero permíteme decirte que todo lo que vas a leer no son fantasías, ni simples conceptos teóricos sobre finanzas. El contenido de este libro se basa en experiencias, y las dos razones fundamentales por las que voy a compartir contigo este conocimiento son:

1. Porque si logras aumentar tu libertad de tiempo y tu dinero, eso no me restará a mí ni mi tiempo ni mi dinero, sino todo lo contrario.
2. Tengo la profunda convicción de que todo lo que nos ha sido entregado debemos también compartirlo.

Deseo aclararte que el millonario tal como yo lo entiendo vive muy bien, porque su libertad financiera no le impide disfrutar de una de las cosas más importantes: su privacidad. Así que si tu concepto de «millonario» va asociado a la ostentación o el aparentar, este libro no es para ti.

El millonario del que te hablo, aunque pueda comprar todo lo que desea, no necesita tener el automóvil más caro, el reloj más lujoso o la mansión más grande y mucho menos que todo el mundo se entere de que es rico. Su felicidad reside en que, al margen de su dinero, sabe que sus mayores tesoros son sus conocimientos y sus hábitos, que le hacen disponer de la auténtica libertad.

Tiempo y dinero son cosas muy serias y, como deseo que lo pasemos bien, con tu permiso voy a empezar de una forma divertida, pero con el importante aviso de que si alguien te promete guiarte y ayudarte en el camino para ganar dinero, ten cuidado y asegúrate muy bien de lo que él gana. Por si tienes alguna duda sobre esto, esta corta historia te la resolverá:

Cuenta la leyenda que hace años un banco de Estados Unidos contrató a un investigador privado para localizar a un ladrón que había robado en varias de sus sucursales y poder así recuperar el dinero robado. La búsqueda del delincuente lo llevó hasta México. El detective cruzó la frontera y, entonces, al darse cuenta de que necesitaría un intérprete en español, contrató a uno bilingüe. Después de muchos días de búsqueda, el investigador finalmente capturó al bandido.

—¿Dónde escondiste el dinero? –le preguntó el investigador al ladrón por medio del traductor.

—¿Qué dinero? –respondió el ladrón–. No sé de qué dinero está usted hablando.

Al instante el investigador desenfundó su pistola, apuntó al sospechoso y le dijo al intérprete:

—Dígale que si no me dice dónde está el dinero, le disparo.

Después de recibir este mensaje, el ladrón de bancos le contestó al intérprete:

—¡No, por favor, no me mate! Escondí todo el dinero bajo las baldosas del suelo en el baño de hombres de la habitación 314, en el Hotel Palace de Nueva York.

—¿Qué ha dicho? –le preguntó nervioso el investigador al intérprete.

Éste pensó un instante y respondió:

—¡Dice que está preparado para morir como un verdadero hombre!

Cómo conocí
al millonario anónimo

Cada amanecer es un regalo en el viaje de nuestra vida, pero a menudo hacemos el camino tan deprisa que no disfrutamos de la belleza de cada momento. A pesar de que cada día nos ofrece una nueva oportunidad para sembrar con nuestros pensamientos y nuestros actos lo que más adelante recogeremos, hay días muy especiales que suponen un punto de inflexión y hacen que nos replanteemos nuestro rumbo. Hay días que pueden cambiar una vida y la historia que voy a compartir contigo sucedió uno de esos días.

Hace ya muchos años yo trabajaba como asesor financiero para uno de los bancos internacionales más importantes, pero no creas que era una lumbrera. No era economista, ni analista financiero. Mi función era más bien la de un simple comercial que asesoraba a las personas sobre distintas vías de inversión. Recientemente había tenido que cerrar mis empresas y, al verme sin dinero y endeudado, ese trabajo parecía una solución temporal para mis problemas económicos.

Una fría tarde de invierno, al salir de la oficina del banco y con la idea de tomar algo caliente, entré en el bar que estaba justo en la esquina de la calle y que, a pesar de que estaba cerca de mi lugar de trabajo, nunca había visitado. En la puerta eché un vistazo y observé que todas las mesas estaban ocupadas, por lo que me dispuse a tomar un té en el extremo de la barra.

Tras un par de minutos de espera me sirvieron y al instante escuché tras de mí una voz:

—Joven, disculpa.

Me giré y en la mesa más alejada, justo en una esquina del bar, estaba sentado un hombre de avanzada edad, corpulento, de cabello blanco y barba de varios días que, junto a la chaqueta y camisa arrugadas, le hacía aparecer con aspecto algo descuidado.

—Por favor no te quedes de pie –me dijo, haciéndome una señal con su mano e invitándome a tomar asiento.

Al tratarse de un desconocido, le agradecí el gesto, pero le respondí que no era necesario.

—Insisto, por favor, siéntate conmigo.

En ese instante me fijé bien en su mesa, había al menos tres botellines de cerveza vacíos, con lo que mi primer pensamiento fue que ese hombre no debía de estar sobrio. De todos modos, como su hablar era muy correcto, finalmente decidí coger mi taza de té y sentarme con él.

—Me llamo Álex, muchas gracias

Mientras le daba la mano y antes de tomar asiento, me dijo:

—Vistes muy elegante, ¿a qué te dedicas?

—Hago labor comercial –le dije–, entre confuso y sorprendido.

—Ah bueno, eso ya me lo he imaginado, pero esa respuesta es muy general. Dime exactamente qué haces en tu negocio.

—Pues busco gente que desee invertir.

Han pasado muchos años, pero todavía recuerdo sus siguientes palabras como si las estuviera escuchando ahora mismo.

—Entonces necesitas personas que ya tengan dinero y, si es mucho dinero, mejor.

—Claro —le dije esbozando una sonrisa.

—¿Tienes bolígrafo y papel?

—Eh, sí, ¿por qué?

Aún sigo preguntándome si lo que sucedió después fue un sueño. Sacando del bolsillo de su chaqueta una pequeña libreta, me dijo:

—Apunta estos datos...

No podía creerlo, un completo desconocido me estaba dando una lista de personas con sus nombres y teléfonos para que les ofreciera mis servicios y, además, sin yo pedírselo. Pero la sorpresa mayúscula me la llevé cuando iba escuchando los nombres de las personas que me dictaba. Era increíble, pues en esa lista estaban personas muy influyentes y ricas del país. Desde deportistas, abogados, políticos, grandes empresarios, etcétera.

Estuve un buen rato anotando en mi agenda todos esos datos y, cuando acabó de darme la lista, pareció leer mis pensamientos porque antes de que yo pudiera articular palabra añadió:

—Todas esas personas tienen dinero, mucho dinero. ¿Es eso lo que buscas, ¿no es cierto?

Sin salir de mi asombro, balbuceé:

—Eh... sí, claro.

—Puedes llamarlas de mi parte y te atenderán. Tengo ya muchos años, he viajado por los cinco continentes y he conocido a muchas personas, gentes de toda clase y condición. Ellas me han enseñado lo mejor y lo peor del ser humano.

Permaneció en silencio por un instante y en su semblante me pareció ver signos de resignación, como si hubiera perdido la motivación y estuviera sin rumbo en la vida, tenía un punto nostálgico, pero al mismo tiempo sus palabras mostraban la firmeza de quien ha vivido grandes experiencias y sus ojos transmitían sabiduría.

Acto seguido me explicó en qué sectores y empresas había trabajado y los cargos que había ocupado, yo le escuchaba sorprendido y con mucha atención, pero no podía evitar cierto escepticismo y pensaba: «¿Estará cuerdo este hombre? ¿No se estará inventando toda esta historia y la lista de teléfonos será falsa?».

Mientras mi mente trataba de asimilar sus palabras, me miró fijamente y me dijo:

—¿Tienes tiempo para escuchar a un viejo trotamundos?

—Claro –respondí.

No iba a marcharme sin más, el encuentro con el anciano había despertado en mí tal curiosidad, que olvidé por completo mis ocupaciones de aquella tarde.

—Ni siquiera muchos de mis amigos conocen mi verdadera historia, pero veo que tu alma ansía conocimiento y quiero compartirlo contigo, con los años he aprendido a conocer a las personas y estoy seguro de que sabrás hacer un buen uso de cuanto te explique. En mi vida he conocido los secretos de la riqueza a través de las gentes que he encontrado en el camino. Cada día que vivimos y cada persona que conocemos enseña una lección para el que está dispuesto a aprender.

* * *

Creo que en mi vida nunca he puesto tanto interés en las palabras de alguien como hice aquel día. El anciano prosiguió contándome historias de cuyos protagonistas yo sólo había oído hablar en las revistas o en televisión, todos ellos eran personas muy famosas pero lo más curioso es que él se refería a ellas por su nombre de pila, como si las conociera íntimamente, y a cada nombre yo le interrogaba por su apellido, para asegurarme de quiénes eran exactamente las personas de las que me estaba hablando.

Para mi asombro, durante toda la tarde, estuvo relatándome con todo tipo de detalles anécdotas que vivió con muchas de las personas de la llamada «alta sociedad» de muchos países. Lo hacía de una forma tan amena y sencilla, que me pareció como si yo también conociera a esas personas de toda la vida. Su lenguaje cercano me transportó a otro tiempo y otros lugares, y mi mente abandonó el bar para trasladarse a vivir esas historias como si yo también hubiera sido partícipe de ellas.

Aunque en mi camino he conocido a otras personas que me han ayudado y han sido mis mentores a nivel financiero, lo que vas a leer en las siguientes páginas principalmente son las cosas que me enseñó aquel sabio millonario una fría tarde de invierno en un bar de Barcelona, y que posteriormente apliqué en mi vida. Por razones obvias, excepto el mío los nombres reales de todos los protagonistas de esta historia permanecen ocultos, al fin y al cabo, es lo que él deseaba.

Las leyes del éxito son las mismas hoy que en la época de los faraones. Siempre han existido personas que las han conocido y aplicado para mejorar sus vidas. Lo que aquí encontrarás te servirá en todo momento, porque son principios que no dependen de la época, ni el lugar, ni de la actividad que desempeñes. Es, por tanto, una buena hoja de ruta en tu caminar, sea cual sea tu situación actual.

A lo largo de estas líneas encontrarás las enseñanzas que recibí de aquel anciano millonario tal y como pude recordarlas, intercaladas con mis propias vivencias a lo largo de los años.

Por mi parte te deseo de corazón que los secretos del millonario anónimo puedan serte tan útiles como lo fueron para mí y te recomiendo que los leas pausadamente. Algunas de sus enseñanzas tardé muchos años en comprenderlas de una forma plena, por lo que te invito a saborearlas como frutas sabrosas que sólo con calma podrás apreciar.

Conceptos básicos del tiempo y el dinero

Desde pequeño siempre me he preguntado por qué algunas personas que no eran especialmente muy inteligentes e incluso que no se habían esforzado demasiado eran ricas y la vida parecía sonreírles a todos los niveles, mientras que otras que tenían mayor preparación y que trabajaban duramente siempre tenían problemas económicos y, antes de que el millonario empezara a hablar, no pude resistirme a hacerle esta pregunta:

—¿Usted cree que cualquiera puede ser rico?

—Tú mismo lo sabrás cuando acabe de contarte mi historia, pero la primera cosa de la que debes ser consciente es que ni el dinero ni el tiempo eligen en qué quieren ser utilizados. Tienes pleno dominio sobre ellos.

—Sí, pero siempre he oído decir que la pobreza genera más pobreza y la riqueza atrae más riqueza, entonces, ¿cómo alguien que es pobre puede llegar a ser rico?

—Por tus palabras observo que crees que sin dinero no puedes generar dinero, pero eso no es cierto. Para hacer dinero, lo más importante es el uso de tu tiempo.

—¿Mi tiempo?

—Sí, porque depende de cómo uses tu tiempo puedes lograr abundancia, sin importar de dónde partas. La relación entre tiempo y dinero es muy estrecha. Ambos son muy importantes, pero quiero que reflexiones sobre por qué el tiempo lo es mucho más que el dinero y cómo usar ambos a tu favor:

- Puedes acumular dinero, pero no tiempo.
- El tiempo puede aumentar tu dinero, pero el dinero no aumenta tu tiempo.
- El dinero puede darte mayor libertad para usar tu tiempo.
- El dinero perdido puede volver, el tiempo perdido nunca vuelve.
- Puedes lograr más dinero, pero no puedes tener más tiempo.
- El uso inteligente del tiempo te hace ganar dinero.
- Dónde inviertes tu tiempo es tan importante como dónde inviertes tu dinero.
- Ambos pueden aprovecharse o malgastarse.

—Siempre me han enseñado el valor del tiempo, pero visto así tomo otra conciencia de él.

—Y así debe ser. En cada segundo de tu vida debes ser plenamente consciente de lo que estás haciendo. Te aseguro que la mayoría de personas no lo hacen y viven siendo esclavos de sus hábitos.

—¿Ser consciente en cada momento?, pero eso es muy complicado...

—Tienes razón, lo más fácil es que sigas como hasta ahora. Si te resulta difícil es porque no has sido entrenado para ello. Actuar de forma consciente supone mantener una autodisciplina.

A lo largo de tu vida, sea cual sea tu situación, pregúntate cada día: ¿lo que estoy haciendo ahora me acerca o me aleja de lo que realmente deseo?

Por supuesto que esta lección me hizo reflexionar. Lo primero que hice fue pensar en qué situación me encontraba. Antes de trabajar de comercial, había tenido mis propios negocios, pero me arruiné y tuve que buscar otras salidas profesionales. No me había recuperado mental, emocional ni económicamente, y lo cierto es que, a pesar de que seguía teniendo mis sueños, no tenía un propósito claro y definido.

—Algunos creen que pueden estar estancados, pero no te engañes, en cuestión de tiempo y dinero no hay término medio, avanzas o retrocedes.

Respecto al tiempo, porque no sabes de cuánto más vas a poder disponer en esta vida y lo único evidente es que cada vez te queda menos. Respecto al dinero, porque existe la carestía de vida y si no estás aumentando tu dinero lo estás haciendo disminuir.

Cuando se habla de dinero, la mayoría de las personas sólo ven los factores externos y se enfocan en la economía, los mercados, los productos o servicios, las tasas de rentabilidad y otras cosas tan cambiantes como el tiempo. Eso es importante y son las leyes monetarias, pero si deseas alcanzar la verdadera riqueza, necesitas comprender primero dos conceptos básicos del funcionamiento del dinero como energía y que son atemporales.

Es vital que entiendas esto, porque es la base sobre la que se sustenta todo lo que te voy a explicar.

Sabemos que todo es energía y que ésta ni se puede crear ni se puede destruir, pero ¿qué es la energía y de dónde proviene?

Nadie sabe de forma exacta qué es, desconocemos su esencia pero sí hemos comprobado sus efectos. Hay muchos tipos de energía, pero sólo hay una Fuente creadora.

Esa fuente es la que hace fluir toda la energía en el Universo y posee la sustancia que todo lo contiene. Es el recipiente que alberga todo lo que Es, lo que ha sido y lo que puede Ser.

A este principio generador se le conoce con todo tipo de nombres, algunos le llaman Dios, Principio Universal, Energía Madre, el Uno, pero yo prefiero llamarle la Fuente, porque me resulta mucho más fácil pensar en una fuente común de la que siempre brota agua pura y cristalina.

Éste es el primer concepto: toda energía proviene de la Fuente.

El segundo paso es entender que, a pesar de que existe la Fuente, cada persona también es una mini-fuente o fuente individual de la que también brota agua que recibe de la Fuente principal.

Para crear lo que deseas, no necesitas hacer nada más que situarte en sintonía con la Fuente, o dicho de otro modo, alinearte con ella. Como seres humanos estamos alineados o no, en función de nuestros pensamientos y emociones y, en base a ellos, emitimos una onda energética o vibracional, que puede estar en armonía o no con la Fuente.

Éste es el segundo concepto: tu energía o vibración permite o impide obtener las bendiciones de la Fuente.

Entiende esto, nunca puedes estar separado de la Fuente, pero puedes estar en equilibrio con ella o no estarlo. Es como la línea eléctrica que abastece el flujo o corriente, pero eres tú quien mantienes esa conexión abierta o cerrada a través del interruptor. La Fuente es un ente justo que trata a todos por igual y siempre abastece su caudal sin importarle quién se beneficia de él. Su misión es darse.

—Entiendo esto como un concepto místico, pero ¿qué tiene que ver todo esto con la riqueza? Siempre he oído decir que *no se puede tener una conducta espiritual y alcanzar riqueza.*

—Ese pensamiento no está alineado con la Fuente. La espiritualidad no tiene nada que ver con que tengas o no dinero en tu cartera. No pretendo en ningún momento decirte en qué debes emplear tu dinero, pero te diré que, para mí, el dinero nunca ha sido un fin, sino un medio para lograr cosas que deseo, y cualquier persona sensata sabe que hay formas de usarlo para el propio bien y el bien común.

En mi vida he ganado muchos millones y he aprendido que el hecho de que uno sea bueno o malo no depende de su bolsillo, sino de la luz de su corazón. Por ello, la mejor forma de saber cómo es una persona es darle poder. Si es una persona evolucionada lo usará para bien, si no lo es, lo usará para manipular y abusar de otros. Con el dinero ocurre lo mismo, puedes usarlo con conciencia o hacer de su acumulación tu propósito de vida. Pero, por favor, despréndete de tus prejuicios sobre el dinero.

El dinero no hace bueno ni malo a nadie, sólo muestra y potencia lo que cada uno lleva en su interior.

Hablar de dinero de forma tan directa y sin tapujos para muchas personas constituye de por sí un bloqueo mental, sobre todo para aquellas que se autoproclaman «espirituales», son ese tipo de personas que parecen no darle ninguna importancia al dinero y, en correspondencia, el dinero nunca se la da a ellos. Siempre están sin un céntimo

—Esto me recuerda a la fe. Hay personas que siempre rezan pidiendo abundancia y nunca la reciben.

—Así es.

—Pero entonces es una contradicción.

—En absoluto. La clave está en cómo pides. Puedes hacerlo desde la convicción de que se te dará lo que deseas o desde la mentalidad de carencia o duda, y esta última es la que usan la mayoría de personas.

Ésa si es la contradicción. La fe a la que tú aludes es la certeza del cumplimiento de tus deseos. Son muchos quienes dicen tener fe en Dios o en un poder Supremo, pero creen que ese Ser es el que decide su destino y que no ve con buenos ojos que tenga prosperidad material. Lo ven como un padre que no da libertad a su hijo, sino que él decide lo que debe desear y lo que no, lo que debe tener y lo que no, lo que puede hacer y lo que no. De este modo, las peticiones son inútiles porque están basadas en el miedo y las limitaciones en cuanto a lo que se les permite crear en su vida.

—¿Cuál sería entonces la forma correcta de pedir lo que deseamos?

—Pensar y actuar en la misma dirección.

—¿Tan sencillo?

—¡Qué equivocado estás! Te aseguro que es el trabajo que más dedicación requiere hasta dominarlo. Si crees que es tan fácil, ¿por qué no tienes la vida que deseas?

—No lo sé, muchas veces me he hecho esta pregunta.

—Porque no eres consciente de lo que estás pensando ni haciendo.

Para la obtención de riqueza o cualquier otro deseo, intervienen siempre estos tres factores:

- Debe existir un deseo o demanda.
- Ha de estar disponible la oferta o flujo.
- Debe existir aceptación del que pide.

Las personas continuamente desean cosas y ése es uno de los motores de la evolución del Universo, el cambio continuo. Nunca podrás estar satisfecho completamente porque siempre estarás deseando ser, hacer o tener más de lo que hoy eres, haces o tienes. Siempre existen deseos, y eso es necesario para que la creación siga expandiéndose a través de tu experiencia.

La oferta siempre es ilimitada, de hecho, si sientes un deseo o atracción por algo es porque eso ya es una realidad para la Fuente, ya que no puedes ser, hacer o tener nada que la sustancia universal no pueda proveerte. Aunque no seas consciente de ello, es tu deseo el que te busca a ti. No debes preocuparte por si tu petición está disponible, porque siempre lo está.

Por tanto, las dos primeras condiciones siempre se cumplen. ¿Lo entiendes? Tú pides y debes saber que tu petición es atendida y está lista para ser cumplida. No existe excepción a esto. No existe ningún instante en el que la Fuente esté cerrada o no disponible para ti. No existe ninguna petición que sea imposible o que no se te conceda.

En el tercer paso es donde se encuentran las barreras que impiden lograr tu deseo y éstas se construyen por tus pensamientos y emociones inconscientes. No puedes recibir tu deseo si no te permites o autorizas a hacerlo. Muchos creen que el simple hecho de pedirlo ya expresa que están permitiendo recibirlo, pero su vibración emocional es contradictoria a lo que piden.

Su forma de pensar y de actuar no está en armonía con sus deseos.

Cada vez que deseas algo pero te permites dudar sobre tu capacidad de obtenerlo, estás abriendo una brecha que irá ampliándose entre el deseo y tú. Si te centras en pensamientos de duda y te interrogas sobre lo que deseas, no te estás permitiendo aceptarlo.

—Pero creo que es normal que, cuando no tenemos algo, exista esa inquietud o preocupación por lograrlo, porque no hay ninguna certeza de que vayamos a conseguir lo que deseamos. De hecho, es al revés, quien logra el éxito es la excepción en todas las áreas de la vida.

—Estás en lo cierto, pero que sea lo normal o lo habitual no equivale a que sea lo natural. Tú observas el mundo y dices que lo normal es no lograr lo que uno desea, porque ves que pocos consiguen lo que quieren, pero no eres consciente de lo que existe en la mente y el corazón de las personas y ahí es donde empieza todo éxito o todo fracaso.

Imagina que estás inmerso en tu negocio y tus pensamientos predominantes están enfocados en la dificultad de captar clientes, en los problemas con tus proveedores, en los gastos fijos de tu local, en no encontrar personal adecuado, etcétera. De este modo, te comportas como quien acude a comprarse el coche que desea y que el concesionario tiene disponible, pero cuando el vendedor está a punto de darle las llaves y le dice: «Vamos a firmar», comienza a pensar: «¿Podré pagarlo? ¿No será demasiado coche para mí? ¿Por qué no sigo con el que tengo?». Puede parecerte algo simplista, pero te aseguro que es lo que hacen la mayoría de personas y obviamente su deseo no les llega. De nada sirve tu deseo y que haya una oferta ilimitada si tú mismo te centras en las dudas, la carencia y las preocupaciones más que en tu objetivo.

* * *

El millonario anónimo me preguntó:

—Álex, ¿sabes realmente cuánto vale tu tiempo?

—Claro, el tiempo es oro –respondí sin vacilar.

Sonriendo, se dijo a sí mismo:

«¡Cuántas veces habré escuchado esa respuesta!».

Y, antes de que pudiera decir nada, añadió:

—Me has respondido como un loro, la mayoría de las personas repiten esas palabras como un cliché, sin percatarse del valor auténtico que encierran. Estás muy equivocado, el tiempo es mucho más valioso que el oro, porque puedes acumular tanto oro como seas capaz, pero no puedes acumular ni un segundo de tiempo.

—De acuerdo, queda claro que no conozco el valor real del tiempo.

—Igual que tú, en mayor o menor medida, las personas pueden tener alguna conciencia de valor del tiempo, pero lo desconocen de forma exacta. ¿Sabes cómo calcular cuánto vale tu tiempo? Es algo muy sencillo de realizar, pero si lo haces con conciencia a partir de ahora, tendrás más cuidado con las tareas que realizas en el precioso tiempo que tienes asignado antes de partir de este planeta.

Cuando hablan de tiempo y dinero las personas tienden a divagar, a excusarse o, simplemente, a dar sus opiniones de forma subjetiva y sin ningún rigor. Pero, si eres realmente sincero contigo mismo, son dos conceptos que debes medir de forma objetiva y antes de decidir a dónde te diriges, debes saber dónde estás ahora.

Tu valor real como ser humano no tiene precio, pero lo que recibes por tu tiempo profesional es el único valor económico con el que puedes medirlo. Por tanto, la primera cuestión que debes medir es:

¿Cuánto ganas actualmente y cuántas horas trabajas?

Realizar este sencillo cálculo te permite saber en todo momento qué tareas te resultan productivas y cuáles no. A lo largo de la vida, una persona común trabaja un promedio de 8 horas diarias, 40 horas semanales, 160 horas mensuales. Esas horas son las únicas que te están produciendo dinero y el resto del tiempo estás gastando ese dinero directa o indirectamente en transporte, coste y mantenimiento de vehículos, comida, pago de hipoteca o alquileres, gastos generales del hogar, colegios, ropa, ocio, etcétera.

Esto es así desde que se creó el dinero.

—Eso lo tengo claro, la mayoría de las personas sólo tenemos una vía de entrada de dinero y muchas vías de escape o salidas.

—Así es y hay muchas razones por las cuales sólo hay un pequeño porcentaje de personas ricas, pero ésta es una de ellas. Su economía es como una bolsa que tiene una apertura muy pequeña en su parte superior por donde entra el dinero, pero su fondo está lleno de agujeros.

Hay tan poca conciencia del valor del tiempo, que ni siquiera se sabe realmente el precio/hora de un profesional. Este concepto lo confunde mucha gente que trabaja por su cuenta y voy a ponerte un ejemplo de ello:

Imagina que un consultor cobra a sus clientes 100 euros/hora por asesorarles, y por hacer exactamente el mismo trabajo un colega suyo cobra sólo 60 euros/hora.

¿Quién gana más?

—Es evidente que el primero.

—No siempre. Sólo te fijas en el precio/hora y ése es el valor con el que las personas suelen identificar su valor profesional, pero eso no es exacto, porque la realidad es que la mayoría de personas el resto de su tiempo realizan actividades que no les generan dinero de forma directa, pero ellos creen estar «trabajando».

Puedes darle el precio/hora a un cliente, pero para saber tu productividad debes contemplar todas las horas que pasas en tu negocio.

Para ser objetivos, si el primer consultor sólo tiene dos clientes al día, mientras que el segundo tiene cinco clientes y dividimos las 8 horas que trabajan cada uno, el precio/hora real del primero es: 12,5 euros, pero el del segundo, 37,5 euros.

—Sí, es exactamente lo que me ocurre a mí. Sólo gano dinero cuando vendo a alguien, pero paso el 80 por 100 de mi tiempo buscando encontrar el cliente.

—Te ocurre a ti y a la mayoría de personas, con un agravante añadido: que si no trabajas no cobras.

—¡Claro! Como todo el mundo.

—Como todo el mundo que tiene ingresos lineales.

—¿Lineales?

—Sí, son todos aquellos que debes dedicar tiempo para obtenerlos. Así viven la mayoría de las personas. Trabajan un mes, cobran y al mes siguiente vuelven a trabajar para volver a cobrar. Este ciclo se repite hasta que se jubilan.

Respecto al dinero las personas actúan igual que quien va a buscar agua a un manantial. La recogen con cubos, la transportan con esfuerzo hasta casa, gastan el agua y deben volver a por más y así sucesivamente todos los meses de su vida. Algunos incluso disfrutan con esta tarea, pero son pocos. Además, si un mes no pueden ir a buscar agua, no la tendrán o pasarán estrecheces con el agua que hayan podido guardar de los anteriores viajes que hicieron.

¿No sería más inteligente ser dueño de la fuente y hacer una red de tuberías que te proveyeran de agua hasta casa para que tú no tuvieras que ir a buscarla?

—Y tanto, ¡sería genial!

—Pues esa red de tuberías son los ingresos pasivos. Llegan de forma repetitiva por un trabajo que hiciste en el pasado. Del mismo modo que en tu casa abres el grifo y sale el agua, estos ingresos vienen de forma automática siempre que tu grifo financiero esté abierto.

—¡Qué fácil sería!

—Hablas en condicional. Pero esto es algo real al alcance de todo el mundo.

—Entiendo lo que me dice porque yo he sido agente de seguros y contaba con mi propia cartera, pero aun así tenía que atenderla e ir a trabajar. De todos modos, no creo que esté al alcance de todos , porque no todos tienen ese deseo y, aunque lo tuvieran, ¿cómo hacemos ese montaje con las tuberías?

—Ésa no es la razón, porque ese conocimiento se puede adquirir y, además, no se trata de ser ingenieros.

—¿Entonces?

—La verdadera razón es que la mayoría de personas no quieren hacer el trabajo.

—Pero ¿por qué? ¡Si ya no habría que cargar con los pesados cubos!

—Sí, ésa es la parte bonita. Pero antes hay que construir la instalación que llevará el agua hasta casa y, además, hay que hacerlo compaginándolo con tus viajes al manantial o ¿acaso dejarás de consumir agua hasta que puedas abrir el grifo?

Son pocos quienes están dispuestos a realizar el esfuerzo de construir la red de tuberías y tienen la paciencia de esperar a que esté lista.

A pesar de que en cierta manera yo ya había generado algo similar a los ingresos pasivos, como lo hace cualquier persona que tiene clientes fijos, no podía dejar de pensar en la imagen del grifo que mana billetes sin cesar.

—Y ahora reflexiona en la cantidad de tiempo que dedicas a obtener dinero. ¿Es inteligente pasarse casi toda la vida yendo a buscar agua al mismo manantial y perderse todas las maravillas que hay en los otros caminos? ¿Es inteligente ir por rutina cada día de tu existencia porque es lo que te acostumbraste a hacer y no tuviste el valor de buscar otros manantiales? Si disfrutas cada viaje al manantial, sigue haciéndolo y significará que vives de forma plena, sea cual sea tu situación.

Pero te aseguro que para muchas personas llega un instante en sus vidas que miran hacia atrás y se preguntan: «¿Qué he hecho con mi vida aparte de ir cada día al manantial? ¿En qué he invertido mi tiempo durante tantos años?».

Ojalá no malgastes tu vida buscando y recogiendo agua, porque tanto si vas al manantial, como si has creado la red de tuberías, por mucha cantidad que puedas acumular, recuerda que el agua estancada acaba pudriéndose.

Nunca me había preocupado demasiado el dinero, pero en esos momentos de mi vida que estaba arruinado, sí ocupaba gran parte de mis pensamientos y, en ellos estaba inmerso, cuando con su siguiente pregunta el millonario volvió a sorprenderme.

—¿Te gustaría ganar un millón de euros?

Adivino tu respuesta. Lo que quizá tú no sepas es que hay muchas más personas de las que crees que consiguen ganarlo, incluso muy probablemente tú seas una de ellas, pero eso no significa que puedas acumularlo.

Piensa que, aunque sólo cobraras 30.000 euros al año, a lo largo de toda tu vida laboral ganarías más de un millón de euros, pero esto no lo ves como algo importante, porque ese millón no lo acumulas de golpe, sino a través de muchos años, del mismo modo que por tu grifo salen millones de litros de agua, pero sólo percibes el pequeño chorro que sale cuando lo abres.

Esto te hará tomar conciencia de que tiempo y dinero están íntimamente relacionados y que, como todo en la vida, son conceptos relativos.

Los secretos del éxito

Al margen del dinero, siempre me había preguntado si las personas nacemos con un destino ya fijado de antemano o si somos realmente libres para crear la vida que deseamos; si hay cosas que dependen exclusivamente de nosotros y otras que no están bajo nuestro dominio. Aunque hoy sé que éstas se encuentran entre las preguntas más complejas que podemos hacernos, no me resistí a preguntarle al millonario:

—¿Usted cree que hay un destino ya establecido para cada uno o podemos lograr lo que nos propongamos, a pesar de las circunstancias de cada persona?

—La vida se rige por principios y leyes, lo que tú llamas circunstancias es sólo la manifestación de algo que se gestó tiempo atrás por ti mismo.

—¿Quiere decir que el futuro no está escrito?

—Sí, está escrito por ti mismo, con cada pensamiento que tienes y cada acto que realizas. La vida sólo muestra un abanico de opciones en cada momento y eres tú quien eliges cuál deseas.

Todo, absolutamente todo lo que experimentas ha sido creado con tus pensamientos, pero para lograr cualquier deseo y escribir tu propio destino de forma deliberada existen cinco pasos o secretos del éxito. Aplícalos y lo comprobarás.

Primer Secreto: Decisión

—A la vida no le importa lo más mínimo qué es lo que tú decides. Al contrario que las personas, no juzga, critica, ni valora tus deseos. Simplemente responde a tu motivación interna y a tu propósito. En el mismo instante que decides lo que quieres, se pone en marcha para ayudarte en su cumplimiento. Te sorprenderás, pero debo decirte que la mayoría de personas no saben qué es lo que quieren. Al menos, no lo saben de una forma concreta y clara.

¿Acaso tú lo sabes?

Yo quería salir adelante, recuperarme económicamente de mi fracaso empresarial y trabajar en algo que me llenara personalmente y no sólo el bolsillo, pero eso resultaba muy poco específico y en ese momento me sentí muy frustrado. Ante aquel millonario que hablaba con tanta autoridad, me quedé callado, no me atreví a responder porque yo tampoco sabía de una forma concreta lo que quería.

—Sólo transformándote a ti mismo suceden los cambios. Y todo cambio empieza con una decisión, por tanto, lo primero que debes decidir firmemente es lo que quieres.

Respecto al dinero, debes saber que la mayoría de personas no se hacen ricas porque no lo deciden.

Aunque mi respeto por el anciano era grande, tras escuchar estas palabras, no pude por más que exclamar:

—¡Venga ya, si todas las personas desean más dinero!

—Así es mi buen amigo, pero el desear no significa decidir. La decisión expresa un firme compromiso de alcanzar lo que se desea y actuar poniendo todos los medios para ello. Del mismo modo que se decide ser médico, abogado, vendedor o cualquier otra profesión, alcanzar la riqueza es una decisión.

Me quedé reflexionando, porque nunca había considerado las cosas desde esa perspectiva, pero antes de que pudiera comentar nada, el millonario añadió:

—¿Deseas ser rico?

—Por supuesto –le dije de forma decidida.

Pasaron unos segundos y los ojos del anciano se clavaron en mí, al tiempo que se inclinaba hacia delante mientras sus manos agarraban con fuerza uno de mis brazos.

—¿Pero has decidido realmente serlo?

Esta pregunta me caló tan profundamente que me limité a negar con la cabeza, porque mis labios no podían admitir algo que ahora, por evidente, me hacía aparecer como un ingenuo.

La mirada penetrante del millonario seguía fijada en mí y por momentos sentía que él no necesitaba que le respondiera, porque conocía mi interior mejor que yo mismo y cada una de sus preguntas no hacía más que mostrar mi ignorancia.

—¿Me está diciendo que si no lo decido nunca lo seré?

—¿Acaso quien desea llegar a un destino no toma la firme decisión de hacer el viaje?

—De acuerdo, visto así es algo obvio. Suponga que ya lo he decidido, quiero ser millonario.

—De nuevo estás confundido. Querer sólo expresa un deseo.

—¿Voy a ser millonario...?

—Así es. Cuando decides ir a cualquier lugar, ¿acaso no expresas el cumplimiento de tu deseo y dices: «voy a ir a tal o cual sitio?».

—Sí...

—Pues si lo haces para decidir cualquier destino físico, ¿por qué no hacerlo con el viaje que puede cambiar tu vida, como es el de alcanzar riqueza?

—Supongo que porque creo que ese destino es difícil de lograr.

—Todos los destinos son alcanzables para el que está decidido a llegar.

—Pero depende también de dónde partas, ¿no?

—El origen es importante y cuanto más lejos estés de él, puedes depender del tiempo, pero más lo es tu decisión y tu plan de ruta para llegar a tu destino. Eso supone el hecho de organizar tu viaje a la riqueza.

Del mismo modo que puedes elegir hacer un viaje a 100 o a 1.000 kilómetros de tu casa, siempre eres tú quien decide lo que es posible para ti y la vida, simplemente, obedece. A ella no le importa lo que vaya a manifestar, eres tú el creador y es indiferente que tu deseo sea recorrer 10 o 1.000 kilómetros, del mismo modo que ganar un dólar o un millón de dólares, la sustancia que lo crea es la misma.

—Pero entonces ¿por qué la mayoría de personas no tenemos lo que deseamos?

—Porque la demanda no es la adecuada. Hay suficiente oferta, el caudal de la Fuente es ilimitado, pero en función de las limitaciones que cada cual alberga en su conciencia así pide y así recibe.

—No acabo de entenderlo, porque si tengo el deseo y la firme decisión de alcanzarlo es que lo estoy pidiendo, ¿no es cierto?

—Puede que lo hayas pedido, pero pocas personas tienen el hábito de la perseverancia. Cuando creen que ya deben tener lo que desean, cambian su enfoque y la atención de sus pensamientos ya no se focaliza en lo que anhelan, sino en su situación actual, y eso es lo que sigue manifestándose en su vida, porque pierden su equilibrio o alineación.

—¿Acaso me está diciendo que no debemos pensar en nuestra realidad?

—Y ¿qué es la realidad?

—Pues lo que está sucediéndonos ahora, aquello que de verdad está presente en nuestras vidas, no verlo es autoengañarnos.

—Precisamente te engañas cada vez que enfocas tu mente y tus emociones en lo que llamas tu realidad y esa vibración es la que permanece en tu vida, como un bucle sin salida. Por muy grave que te parezca un problema y creas que todo se ha venido abajo, la Tierra sigue girando y mañana será un nuevo día con nuevas posibilidades. Es sólo tu perspectiva mental y tu implicación emocional lo que hace algo bueno o malo, fácil o difícil, posible o imposible.

El pensar de forma continua en tu situación actual ocurre porque deseas tener el control, ya que crees que eso te hace sentir seguro.

—¿Es que no debo controlar mis asuntos?

—Las cosas más grandes e importantes del mundo suceden sin que tú intervengas. El sol sale cada día, el planeta sigue girando en su órbita, se mantiene el suficiente oxígeno para respirar y se provee agua para beber. Si la Fuente Universal se ocupa de estas cosas de tanta magnitud, ¿cómo no va a ser capaz de cumplir tus deseos por muy grandes que te parezcan, sin que tengas que controlar el proceso?

¿Acaso estás controlando ahora tu respiración, la circulación de tu sangre, la actividad de tus neuronas o de tu estómago? ¿Acaso has tenido que controlar tu crecimiento desde que eras un recién nacido hasta ahora? La inteligencia de la Fuente ya se ocupa de todo eso. Ocúpate sólo de hacer tu parte del trabajo.

—Visto así, mis peticiones me parecen insignificantes pero, si es tan sencillo pedir, sigo sin entender por qué no logramos lo que deseamos.

—Te lo repito: porque no eres consciente de lo que estás pidiendo. Tu petición es acertada cuando tus pensamientos, emociones y actos están alineados totalmente con tus deseos. Imagina que deseas incrementar tus ingresos en una cantidad concreta, pongamos por ejemplo 30.000 euros. Ésa es tu petición y tu vibración debe ser acorde con ella. No necesitas seguir pensando en esa cifra de dinero con gran esfuerzo mental ni repetir continuamente tu deseo, sólo debes mantenerte sin resistencia y el dinero llegará a tu vida. Pero ahora imagina que tu mente lógica y analítica empieza a pensar: «Cómo me llegará ese dinero?, ¡es una cantidad demasiado grande!, ¡no veo cómo es posible que suceda!», y otros pensamientos similares. Al actuar así, te comportas como si estuvieras con los brazos en cruz mientras una persona tirara de ti hacia un lado y otra hiciera lo mismo en sentido contrario, acabarías agotado pero no te moverías del sitio porque las dos fuerzas son opuestas.

Así actúan muchas personas respecto al dinero y la abundancia. Desean lograrla pero su vibración es contradictoria y, al no estar acorde con sus deseos, siempre siguen en el mismo punto y en el caso de que avancen lo hacen lentamente y con mucho esfuerzo.

—Ahora sí lo entiendo

—Entender la teoría de estos conceptos es muy fácil, pero llevarla a cabo no lo es, porque debes desprenderte de tus hábitos de pensamiento y tus adicciones emocionales. ¿Acaso crees que nuestro encuentro es casual?

Estaba tan sorprendido por todo el relato del millonario, que mi mente se sentía ahora confundida.

—¿Qué quiere decir?

—Todo lo que llega a tu vida es la respuesta a tus peticiones.

En ese instante recordé cuando en los momentos de mayor frustración había clamado al cielo para encontrar una salida a mi situación financiera. Aquéllos eran días en que me encontraba sin un céntimo, agobiado por las deudas y muchas veces después del trabajo volvía a casa caminando por no tener ni siquiera dinero para el transporte.

—Cada persona, cosa o circunstancia llega a tu vida en el momento preciso.

No supe responder, pero lo cierto es que el anciano me estaba abriendo una perspectiva distinta de muchas cosas que yo creía conocer.

—A veces necesitas estar en el fondo del pozo para darte cuenta de lo que estás pidiendo. Sólo entonces puedes empezar a cambiar tu vibración.

—Siempre he pensado que con ser una buena persona, con albergar sanas intenciones ya tenía lo que usted llama buenas vibraciones y que el Universo ya trabajaba en mi favor.

—Estás muy equivocado, ¿acaso ser lo que tú defines como buena persona te exime de estar sometido a las demás leyes del Universo?

Puedes ser una persona bondadosa, querer ayudar a los demás, tener buen corazón y estar sin un céntimo. Las leyes del Universo actúan para todo el mundo igual, no hacen distinción de clases.

—Pero eso refuerza la creencia de que siendo bueno no se puede ser rico.

Vuelves a expresar tu propia limitación. Por supuesto que puedes ser rico siendo bueno, es más, deberías serlo. Pero lo más importante es ser consciente. La conciencia en todo momento te hace sabedor de quién eres y, de este modo, tus pensamientos y sentimientos están alineados con tu mayor bien. No necesitas nada más y entonces ya puedes dejar que el Universo haga su trabajo.

Hay muchas personas entre las que tú llamas buenas que viven su vida inmersas en sus propios sabotajes mentales y emocionales, están llenos de limitaciones, bloqueos, prejuicios y su experiencia sólo muestra el reflejo de su interior.

No puedes tener abundancia verdadera y progreso en la vida si crees que no eres merecedor del dinero, si piensas que no lo necesitas, si crees que no has nacido para ser rico, si sigues viendo el dinero como algo negativo, si tienes sentimientos discordantes cuando ves personas ricas o si crees que es muy difícil de conseguir. Imagina el cauce de un río, de forma natural el agua fluye por él, libremente y sin esfuerzo. Si pones obstáculos en dicho cauce, el agua seguirá fluyendo pero la estarás obligando a ir en otra dirección.

Del mismo modo tus barreras internas y tus resistencias construyen muros que no permiten que la riqueza llegue hasta ti.

Para que observes cómo funciona la energía del dinero, considera como ejemplo las relaciones sentimentales. En una relación, puedes enfocarte en las virtudes o en los defectos de tu pareja. Si tu atención está depositada en lo que te disgusta de esa persona, cada vez tendrás más motivos para estar enojado, porque todo lo que enfocas con tu mente tiende a crecer. De este modo, muchas parejas se fijan continuamente en las cosas que no les gustan de sus compañeros y andan todo el día malhumoradas, quejándose o discutiendo. Para quien lo desea es muy sencillo ver cosas que le disgustan, pero también es fácil fijarnos en lo que nos agrada y apreciamos de los demás, y de esta forma se puede vivir mejor. Es cuestión de elección. Tú decides dónde pones tu foco de atención.

Con la propia valoración personal ocurre lo mismo: estamos acostumbrados desde pequeños a realizar muchas tareas, y los mayores suelen fijarse en las que más nos cuestan o las que hacemos «mal». De ese modo, cuando las personas crecen, en vez de potenciar sus habilidades o virtudes, de forma inconsciente fijan su atención en aquellas cosas que les disgustan, ya sean de su cuerpo o de sus vidas, porque así han sido entrenados de forma inconsciente.

Respecto al dinero, cuando estás sintiendo agradecimiento, aprecio y alegría es cuando abres el canal de la abundancia, pero si te sientes enfadado, triste o te quejas de la situación de la cual deseas salir, estás encerrándote en tus propios muros.

—Entonces, ¿podemos cambiar cualquier situación según sea nuestra visión?

—Todos tenemos limitaciones o condicionamientos físicos: la estatura, el color de ojos, la constitución ósea... y eso puede que no podamos transformarlo, pero los auténticos límites son los que te autoimpones con tu mente y siempre están basados en tu propia observación y percepción.

Cada día en cualquier lugar puedes encontrar cosas maravillosas por las que sentirte bien, pero ¿acaso no ves personas que andan continuamente enfocándose en todo aquello que no les agrada? No importa que haya cientos de bendiciones a su alrededor, porque siempre son capaces de encontrar lo que les disgusta. Puedes hacer mil cosas bien y cometer un solo error, y eso es lo que recordarán. Ésa es su petición y así reciben.

Siempre, siempre estás recibiendo en tu vida. El poder que tienes es tan grande porque puedes elegir y en función de esa elección recibes.

Las personas llevan vidas rutinarias porque no son conscientes de ese poder. No han sido educadas para desarrollar ese poder.

—Comprendo el valor de los pensamientos, pero ¿qué me dice del trabajo, de actuar para lograr lo que deseamos?

—Claro que debes realizar acciones para conseguir dinero o cualquier otro propósito, pero la parte más importante es tu creación interna. Cuanto más trabajes tu interior, menos esfuerzo exterior tendrás que realizar. Cuando creamos las cosas desde el interior, todo fluye mejor. Si sólo te enfocas en actuar externamente el trabajo se hace mucho más duro y pesado.

—Piensa por un instante, ¿qué es lo que todo el mundo desea en la vida?

—Ser feliz, creo

—Como la felicidad es algo que suena muy abstracto, ¿qué te parece si usamos las palabras «bienestar» o «estar bien»?

—De acuerdo

—Cuando deseamos cualquier cosa en la vida creemos que, una vez disfrutemos de ellas, estaremos bien.

Si tenemos más dinero estaremos bien, si conseguimos el negocio o el trabajo que queremos estaremos bien, si somos queridos estaremos bien, si nos mantenemos sanos nos encontraremos bien. De este modo, nuestro bienestar siempre lo asociamos a la consecución de algo externo a nosotros y que suele estar en el futuro. Pero la mejor forma de atraer todas esas cosas a nuestra vida es sentirnos bien ahora y eso es una elección interna.

Cuando comprendas esto de una forma plena, sabrás que la Felicidad ya la tienes ahora y consiste en disfrutar del proceso más que en el logro.

Las personas creen que deben transformar las circunstancias para estar bien, pero eso no es cierto. Lo único que debes hacer es permitir que las circunstancias lleguen a tu vida, porque en la sustancia o Fuente Universal ya existe todo el potencial de tus deseos, pero no te son entregados si tú no das permiso.

En realidad, ya tienes todo concedido aunque no puedas verlo y creas que no lo tienes.

—¿Qué lo tengo todo concedido? ¿Y por qué no lo experimento así?

—Cualquier cambio que desees en tu vida viene motivado porque la situación presente te produce insatisfacción o estancamiento. Si deseas más ingresos es porque no te sientes cómodo con lo que ganas, si aspiras a un trabajo o un negocio mejor que el que tienes es porque el actual no te permite expresar tu potencial o ganar lo que anhelas, si deseas cambiar de pareja es porque tu relación no es satisfactoria. Es siempre el dolor lo que provoca que quieras salir adelante. Pero eso es bueno, porque sin estar mal no puedes avanzar.

Todo lo que deseas ya existe, pero eres tú quien te acercas a ello o te alejas.

Por eso una vez que te sientes incómodo, no debes focalizarte en los aspectos que provocan esa situación, sino agradecer todas las cosas que te hacen sentir bien. En cualquier aspecto de la vida hay luz y oscuridad, tú eliges lo que quieres ver.

Toma como ejemplo una persona que desea cambiar de trabajo porque siente que está mal pagada o infravalorada. Esa sensación de malestar es el motor del cambio para lograr un trabajo mejor. Pero la mayoría de personas se enfocan en el problema y su monólogo consiste en repetirse una y otra vez lo frustradas que se sienten, el poco dinero que ganan, que sus conocimientos no son aprovechados o que es muy difícil encontrar otro trabajo, y eso sólo perpetúa la situación y atrae similares experiencias.

La conducta adecuada consiste en no focalizarse en todo lo que te disgusta y enfatizar y agradecer todo lo que sí te gusta, las experiencias positivas que has tenido gracias a ese trabajo, el aprendizaje que has logrado, el haber tenido buenos compañeros, la experiencia adquirida en una profesión que desconocías o cualquier otra cosa que sí te haga sentir bien. Tú eliges lo que deseas observar.

—Pero ¿qué ocurre cuando esas situaciones son reales? Hay personas que viven circunstancias muy complicadas.

—Poco importa que tus justificaciones para sentir emociones negativas sean ciertas o simples excusas, lo único que cuenta es que sigues alimentando lo que no deseas y ésa es tu petición.

Puedes tener toda la razón del mundo para quejarte por tus condiciones, pero eso no cambiará tu vida. Las personas andan tan ocupadas pensando en su situación real que por eso su vida no cambia.

—¿Y cómo pienso en otras cosas cuando mi realidad es ésa?

—Imaginando la vida que deseas tener. Debes ser capaz de crear en tu mente las imágenes que te hagan disfrutar y gozar de la vida.

Observa que en la actualidad existe toda una industria del entretenimiento y la diversión, porque las personas normalmente no disfrutan ni se divierten. La mayoría no se divierten en su trabajo y necesitan hacerlo al acabar sus jornadas laborales, algunos procuran hacerlo cada día y otros sólo los fines de semana o durante las vacaciones. Son pocos quienes disfrutan trabajando y por eso también son pocos los que se hacen ricos.

—Pero muchas personas están muy preparadas y, en cambio, están trabajando en empleos mal pagados en los que no pueden disfrutar.

—Ésa no es la razón sino la consecuencia. Pregunta a la mayoría de personas qué harían si fueran ricas y casi todas te dirán que dejarían de trabajar o que trabajarían en otra ocupación. Por eso la mayoría no se hacen ricas. Sus pensamientos y emociones respecto al trabajo no son de bienestar y en justa correspondencia la vida les proporciona más de lo mismo.

Normalmente, las personas ven el trabajo como algo duro y aburrido, sólo trabajan para poder pagar sus gastos. Los verdaderos ricos no tienen sensación de estar trabajando porque les apasiona lo que hacen.

Hay una conciencia global de que el dinero cuesta mucho de ganar porque las personas no disfrutan con sus profesiones. Muchos han elegido sus estudios porque creen que luego tendrán más salidas laborales o porque ese sector tiene una mejor retribución económica, pero nada de eso tiene que ver con estar alineado con la Fuente.

En realidad, si las personas estuvieran en sintonía con ella, habría que hacer poco esfuerzo para alcanzar la abundancia, pues tan sólo agradeciendo y apreciando se abre el canal para recibir nuestros deseos.

Antes de la toma de una decisión, debes siempre estar centrado. Cualquier decisión debe ser tomada desde un punto de equilibrio, si no es así cada vez existirán más barreras entre ti y tus deseos. Nunca tomes decisiones basadas en el miedo, el nerviosismo o la preocupación. Si estás alterado o enfadado y en ese instante te pones en acción, el resultado será similar a la vibración que estás emitiendo. Es preferible dejar pasar un tiempo hasta que puedas relajarte y ver las cosas con otra perspectiva de alineamiento con tus deseos.

Una de las mejores formas para tomar decisiones acertadas es hacerlo en medio de la naturaleza, puesto que te conectas mucho mejor con las vibraciones de la Fuente.

—Hay quien piensa que antes de tomar decisiones lo mejor es meditar.

—Meditar puede ayudarte, pero si tuvieras la capacidad de enfocar tu mente únicamente en las cosas que te aportan un mayor bien, no tendrías que meditar. Como la mayoría de personas no lo hacen, necesitan la meditación porque es la única forma que tienen de conectarse con la Fuente y detener el continuo parloteo mental que sostienen con ellas mismas.

Segundo secreto: Creencia

Para tomar decisiones importantes, es fundamental la creencia. Una de las preguntas más importantes que puedes hacerte en la vida es: ¿qué es lo que creo respecto a mí mismo?

En tu camino muchos te dirán que no puedes hacer ciertas cosas, que no estás capacitado, que debes ser realista... En mi vida he tenido que escuchar muchas veces esas palabras, pero nunca les he prestado atención. Sólo vives tu vida, no la de los demás.

—¿Me está diciendo de nuevo que no debo ver mi realidad?

—Por supuesto. Si deseas tener una vida plena nunca seas realista. Los realistas viven en la sala de espera del fracaso. Nunca se atreven a ir más allá de los límites que se han autoimpuesto y siempre tienen alguna excusa para no hacerlo.

Nunca debes ser realista si deseas lograr la abundancia financiera.

Ninguno de los genios y las grandes personalidades de la humanidad han sido realistas, y tú no eres menos que ellos. Sé realista si sólo aspiras a una vida mediocre.

Ser realista es muy sencillo, sólo hay que observar las circunstancias actuales. Si eres realista, eres conformista. Si eres conformista, has abandonado tus sueños, y si abandonas tus sueños, ¿estás viviendo o sobreviviendo? ¿Es acaso ésa la vida que deseas?

Quien aboga por ser realista expresa su falta de confianza en sí mismo para transformar su experiencia. Quien es realista es que ha olvidado su auténtico poder.

Cuanta más confianza tengas en ti mismo, menos la buscarás en el exterior. Las personas que no creen en sí mismas son las que siempre buscan la seguridad externa, y eso les permite reforzar su creencia para seguir siendo realistas.

La única realidad auténtica es que tienes el poder para crear lo que experimentas.

Si tu mente cree que algo es posible, se crearán las circunstancias para que así sea. Ésa sí es la auténtica realidad.

—Pero yo he creído en mí y, a pesar de todos los esfuerzos puestos en mi negocio, he fracasado y eso hace que me sienta muy mal no sólo por la pérdida económica, sino porque pienso que he estado haciendo algo bueno y útil para los demás, pero que no ha dado sus frutos.

—¿Por qué dices que has fracasado? ¿Acaso no has hecho lo que creías que era lo mejor y has actuado según tu conciencia?

—Supongo que sí

—Pues siendo así, no estés triste por el pasado ni preocupado por el futuro. Todo lo que ocurre en nuestra vida tiene un propósito. No hay nada casual bajo el sol. Lo que hoy sabes es menos de lo que sabrás mañana, por ello disfruta y aprende de cada experiencia, agradeciendo todo lo que tienes, pues todo nos es dado.

* * *

Cuando con el paso de los años usé mi experiencia para empezar a ayudar a las personas en el logro de sus metas, comprobé que unas de las primeras preguntas que surge en la mente de quien quiere conseguir algo, es: «¿Cómo sabemos si un objetivo es realista o es demasiado ambicioso? ¿Cómo sabemos si será factible ahora o debemos esperar un tiempo?». Recuerdo las palabras del millonario al respecto:

—Poco importa dónde estás hoy, lo importante es hacia dónde te diriges. Que algo sea posible o no sólo lo decides tú. La mayoría de personas creen que existe un poder externo a ellos. Creen que algo o alguien les pueden negar sus deseos, ya sea Dios, el destino, las circunstancias, otras personas o cualquier otra cosa.

Pensar así es negarte tu propio poder. Nadie puede mantenerte alejado de aquello que deseas, excepto tú mismo. Y la forma que lo haces es poniendo tu atención en cosas que no están en sintonía con tus deseos. Nada ni nadie te impide ser rico si ésa es tu decisión.

Graba en tu mente que puedes lograr hacer, tener y ser lo que decidas, nadie más que tú mismo va a impedírtelo.

Con cada pensamiento y emoción estás emitiendo una vibración, cada vez que tu atención está depositada en algo de naturaleza contraria a tus deseos, estás alejando tus sueños. Por eso es tan importante actuar desde el Ser. No debes hacer nada externo para Ser, más bien debes dejar de hacer.

—Pero ¿cómo se Es?

—Tú trabajas duro y te esfuerzas mucho por hacer, pero no necesitas ningún esfuerzo para Ser. Si dices que has fracasado en tu negocio no es porque no hayas hecho la acción adecuada, sino porque no la estabas haciendo desde el Ser.

El Ser expresa la esencia de tu propia naturaleza, aquella que es la propia Fuente, es riqueza, paz, alegría, creatividad, abundancia, plenitud. Si te mantienes en el Ser, la vida no puede sino manifestar aquello que tú eres. Pero, si vives de forma inconsciente y permites que tus pensamientos y emociones corran como caballos desbocados, será fácil que acabes pensando y sintiendo aquello que no eres y atrayendo lo que no quieres.

—Lo que no entiendo es cómo puedo ser algo que no Soy.

—En el uso de tu libertad, puedes mantenerte en desequilibrio con la Fuente y cada vez que lo haces no estás actuando desde el Ser.

Si deseas algo, pero en lo más íntimo de ti crees que no lo tendrás, no estás actuando desde el Ser.

Si al querer algo te sientes con miedo, frustrado, triste o ansioso porque ahora no lo tienes, no estás actuando desde el Ser.

Si te comparas con los demás y te sientes superior o inferior a alguien, no estás actuando desde el Ser.

Si sientes emociones de odio, crítica, rabia o envidia hacia tus semejantes, no estás actuando desde el Ser.

El Ser actúa fluyendo con la vida y se alinea con lo que desea. Cuando permaneces alineado con tus propósitos la vida te trae lo que existe en tu interior, de forma infalible.

Una vez tomes una decisión debes sentir y vivir conforme a ella, eso supone estar alineado y vivir desde el Ser.

Las personas creen que el dinero es difícil de ganar porque no viven en el Ser. Observa cómo realizan sus trabajos o negocios y comprobarás que la mayoría de sus acciones no son realizadas según lo que desean y lo que les aporta felicidad, sino según lo que creen que tienen que hacer o se han acostumbrado a hacer.

Cuanto más te enfocas en lo que tienes que hacer en vez de en lo que deseas hacer, más fácil es que opongas resistencia y conviertas tu trabajo o negocio en lucha y competencia. Las personas se esfuerzan a través de sus acciones para compensar la energía que malgastan por sus pensamientos y emociones erróneas y, de este modo, se crea un círculo vicioso que produce que el dinero sea visto como algo muy costoso de lograr.

Cualquier persona puede alcanzar riqueza y muchos quieren lograrla para poder experimentar la libertad que creen que obtendrán con el dinero, pero no se dan cuenta de que esa libertad ya reside en su interior. Tú ya eres libre porque posees el mayor de los tesoros: la capacidad de crear con tu mente lo que deseas.

—Usted me da un enfoque de bondad del dinero, pero ¿qué ocurre con los que logran la abundancia de forma deshonesta, con aquellos que se hacen ricos engañando, robando, manipulando o explotando a otras personas?

—Puedes llegar a la libertad financiera a través de muchos caminos, pero yo te estoy mostrando el más sencillo, infalible y que aporta mayor felicidad para el bien común.

Algunos han logrado abundancia a través del duro camino de esforzarse externamente, a través de la competencia con los demás. Pero este camino produce mucho desgaste y carece del equilibrio de la vida y, por supuesto, que otros han acumulado dinero perjudicando y aprovechándose de sus semejantes, pero esa riqueza es vacía y tarde o temprano proporciona infelicidad y desgracias futuras, porque todo acto tiene su consecuencia.

Al igual que tú, muchos han visto a ricos que han abusado de otros y ven la riqueza como algo sucio e inmoral, porque asocian el dinero a las conductas que han visto en esas personas. Pero yo te digo que hay una forma de crear abundancia en tu vida sin tener que perjudicar a nadie.

Cuando permites que tu Ser esté alineado con la Fuente que de todo provee y deseas libertad financiera, no necesitas competir, dañar o superar a nadie para obtenerla. Al igual que tú, todo el mundo puede lograrla. No le estás quitando nada a nadie, porque el flujo nunca se detiene y está disponible para todos.

—Entonces, ¿por qué tenemos estos pensamientos de lucha o competencia?

—Porque las personas creen que la prosperidad es algo limitado. Piensan que si la tienen los demás, ellos van a quedarse sin su parte y, de este modo, se limitan a observar quién tiene y quién no. Como sólo ven la manifestación y no comprenden cómo se crea, muchos tienen envidia, enojo o sentimientos de injusticia cuando ven la abundancia ajena mientras ellos o quizás otras personas carecen de la misma.

—Nunca he sentido envidia por lo que tienen los demás, pero tampoco veo justo que la riqueza esté en manos de una minoría que viven en la opulencia, mientras la gran mayoría dispone de menos recursos e incluso muchos viven en la escasez más completa.

—Eso te ocurre porque ves la riqueza como si fuera algo finito, como si fuera un pastel que sólo puede repartirse en determinados trozos. Cada persona tiene en su interior el mismo poder para alcanzar riqueza, te repito que no existe competencia en cuanto a la riqueza, excepto tú mismo.

—¿Cómo es posible que desde Dios o la Fuente si es la energía desde la cual todo parte no se haya creado un sistema más justo?

—¿Pides justicia? ¿Según tú cómo habría de repartirse la riqueza?

—Pues, como mínimo, de forma que todo el mundo tuviera sus necesidades cubiertas y no como sucede en la actualidad, ya que en todos los países existen grandes diferencias sociales y en algunos son extremas.

—Ésa es tu visión particular y eso ocurriría si cada persona se permitiera acceder a la abundancia que por derecho le pertenece, pero sólo puedes influenciar en tu propia realidad y no en la de los demás y cada cual tiene la suya propia, por eso las elecciones y las experiencias de unos y otros son tan diversas.

En tu planteamiento estás dividiendo el mundo entre ricos y pobres, como si los primeros fueran los malos de la película. Ten muy presente que hay muchos pobres que si tuvieran poder se comportarían de igual forma que los que llamas ricos.

El equilibrio en la sociedad no puede llegar por cambiar ningún sistema político, monetario o jurídico, eso sólo son fachadas, ya tienes suficientes pruebas de ello, porque en todos los países existen desigualdades y corrupción, no importa el régimen político que impere. Sólo a través de la regeneración espiritual de las personas puede conseguirse el mundo justo que tú pides.

El mundo se divide entre buenos y malos, porque el hombre lo ha decidido así. Incluso con la espiritualidad se hacen divisiones y así se crearon todas las filosofías y también las religiones. Cada una de ellas afirma tener la verdad y, por tanto, todas las demás están equivocadas. Todas dicen que Dios está de su parte y que los otros viven en el error, la verdad es que el pobre debe de estar hecho un auténtico lío.

Del mismo modo se actúa siempre cuando los demás no piensan como nosotros.

—Que yo sepa siempre ha sido así, desde que existimos. Siempre ha habido guerras y enfrentamientos por las religiones, ideologías o por adquirir la tierra, ¿cómo puede cambiarse este comportamiento?

—En el momento que las personas eleven sus conciencias y entiendan que lo que hacen a los demás se lo hacen a sí mismos, ya nadie robará, matará, engañará, tratará de imponer sus creencias o hará nada que pueda dañar o limitar a sus semejantes.

—Pero eso es una utopía, un mundo de hadas.

—Hoy sí, pero dentro de un tiempo no lo será. También hoy te parece absurdo y denigrante que una empleada esté obligada a mantener relaciones sexuales con su jefe antes de casarse con su prometido, pero hace 500 años era algo normal e incluso, tiempo atrás, las gentes pagaban dinero para ver en el circo cómo los animales salvajes devoraban a las personas y esa conducta aberrante era considerada un espectáculo. Sólo han transcurrido dos milenios y hemos avanzado un poco, ¿no crees?

—¿Me está diciendo que tardaremos tantos años para dar sólo un pequeño paso más en evolucionar como especie?

—Eso depende de cada uno de nosotros. Cualquier acción que te hace crecer como persona y mejorar la vida de los demás no sólo es importante, sino que es transcendente. Nada queda en el vacío, cada acto de amor cuenta. Quizá tus acciones pueden parecerte insignificantes, pero también lo parece una gota de agua y millones de ellas crearon los océanos. ¿Qué estás dispuesto a hacer por crear ese mundo que pides?

La humanidad se ha desarrollado tecnológicamente de forma impensable desde hace sólo veinte años, pero todavía no ha descubierto su propio poder interior y los secretos del Universo, cuando esto ocurra, se producirá el mayor salto que se haya dado jamás y entonces ya nada será como antes.

—De acuerdo, suena precioso, pero hasta que ese día llegue, ¿qué pasos podemos dar para crear riqueza para todos y que no la tengan sólo unos pocos?

—Que otro sea rico no significa que se haya quedado con parte de tu riqueza. Piensa por un momento en la música. Todo el potencial musical está disponible desde el principio de los tiempos y no puede haber en ningún momento un corte del suministro. Que puedas aprovechar la música y la cantidad de ella que puedas crear sólo depende de tu habilidad para manejar la voz y determinados instrumentos. Da igual que haya millones de personas componiendo o interpretando música, su flujo es ilimitado y, a cada instante, puede crearse más.

Que alguien haga su música no resta tu capacidad para crear la tuya, porque en realidad no hay tuya, ni suya, sólo hay música al alcance de todo el mundo.

Del mismo modo, la abundancia financiera es una catarata que de forma permanente abastece su caudal, nunca se corta ese flujo y ella no elige quién se aprovecha de sus beneficios, no juzga ni tiene favoritismos, simplemente provee. Eres tú quien con tu enfoque y vibración te acercas a ella o la rechazas.

—Pero sigo sin entender que si el deseo atrae nuestras experiencias y muchos de nuestros pensamientos están enfocados en el dinero cuál es la razón por la que cuesta tanto lograrlo.

—Muchos piensan en las cosas que desean y creen que el Universo va a ponerse a trabajar para ellos, pero las fuerzas universales actúan según la vibración que emitimos, y tan importante es el pensar como el sentir. Si estas dos fuerzas no están permanentemente enfocadas en la misma dirección, se produce una contradicción que nunca puede atraer tus deseos.

Por eso debes prestar mucha importancia al poder de tu atención y ser consciente de lo que estás siendo en cada instante. Acabas convirtiéndote en aquello en que te enfocas la mayor parte del tiempo, éste es un principio que no puede evitarse.

Tienes razón en que muchos piensan continuamente en el dinero, sobre todo cuando no lo tienen, pero su vibración está enfocada en la carencia y por eso les cuesta tanto conseguirlo e incluso, cuando lo consiguen, fácilmente se les va y, de este modo, están inmersos en una espiral de lucha continua.

Imagina que deseas montar un negocio y lo decides firmemente comprometiéndote a llevar las acciones a cabo, pero mientras lo planificas comienzas a analizar todos los posibles inconvenientes que pueden surgir y acabas centrando tu atención en las dificultades. Después creas en tu mente la imagen de posibles clientes que no te pagarán tus servicios y ves entonces que no puedes cubrir tus deudas. También piensas en los problemas que puedes tener para captar nuevos clientes, empiezas a interrogarte si tus productos serán bien aceptados, si no habrás sido demasiado optimista con tus previsiones... Esos pensamientos provocan que comiences a mostrarte intranquilo, tenso y, aunque de forma externa sigues trabajando duro en tu proyecto, tu vibración ha cambiado y ya no estás alineado con tu propósito.

—Es duro reconocerlo, pero ¿por qué tantas veces actuamos así?

—Porque es más sencillo destruir que crear. No hace falta ningún entrenamiento ni habilidad especial para destruir. Cualquiera puede romper una escultura maravillosa en un segundo, en cambio, actuar de forma creativa y trabajar bien la piedra es un trabajo que requiere paciencia, dedicación, amor y tiempo hasta que el aprendiz llega a convertirse en maestro escultor.

Siempre estás creando, eres un creador nato. La diferencia entre unas personas y otras es que las creaciones pueden ir alineadas con tu propósito o en contra. Lograr dominar el arte de la creación mental es un aprendizaje de la vida en el que pocos llegan a ser maestros y por eso pocos son ricos.

Aunque, en realidad, no necesitas aprender nada, sino recordar. Recordar quién eres.

No puede existir la casualidad o la injusticia porque las leyes universales actúan para todo el mundo igual, quizá pienses que algunos alcanzan la riqueza con poco esfuerzo, mientras otros han de trabajar muy duramente para ganar un poco de dinero, pero el resultado que recibes es siempre igual a la vibración que emites y eso siempre es algo justo.

Observa la abundancia desde este ángulo: se dice que nadie puede dar lo que no tiene, pero también es cierto que nadie puede recibir lo que no da.

Si estás preocupado por no tener suficiente dinero ahora o piensas que en el futuro puede faltarte, estás anticipando esas situaciones, les estás dando la bienvenida a tu vida.

—Sí, pero aunque no me preocupe creo que hay que ser previsor.

—Es cierto, pero la preocupación no es signo de previsión, sino de inseguridad.

La mejor forma para aumentar tu seguridad es sentirte bien ahora. Cuando estás alegre experimentas una emoción similar a la de estar enamorado, crees que todo es maravilloso, todo cobra otro sentido y, aunque el mundo sigue funcionando exactamente igual que antes, lo ves con otros ojos. La realidad es que el que has cambiado has sido tú. Tú eres el detonante de toda situación. Tú eres el creador de tu propia realidad.

Si esperas a sentirte alegre cuando seas, hagas o poseas algo, es que todavía no tienes conciencia de tu poder. Si comprendes que de forma temporal algo o alguien pueden producirte alegría, imagina si haces de la alegría tu estado permanente. Imagina si vives en la alegría. Siente alegría porque eso es lo que en esencia eres.

Nada ni nadie pueden obligarte a pensar de determinada manera. Nada ni nadie pueden decidir tus emociones.

Cualquier deseo que tienes expresa que tu ser interno ya está en disposición de recibirlo. No puedes desear nada que no puedas conseguir, a menos que tú mismo lo permitas.

Si cuando empiezas a pensar en tu deseo te entran dudas sobre si realmente lo conseguirás o si eres merecedor de él, o si es difícil su consecución, estarás estrangulando tu conexión con él. La manifestación seguirá estando a tu disposición, te seguirá esperando, pero a menos que te permitas sintonizarte y alinearte para recibirla, no llegará a ti.

Piensa en la Fuente universal como una potente estación que de forma continua está emitiendo todo tipo de abundancia y contiene la esencia de todas las cosas de forma ilimitada. No hay nada ajeno para la Fuente, puesto que todo le pertenece. No hay nada imposible ya que ella es la realidad auténtica.

Pero tan importante es permitir tu propia abundancia como la de los demás y por eso debes respetar todos los deseos ajenos.

—¿Me está diciendo acaso que todo es correcto?

—¿Quién decide lo que es o no correcto?

Tercer secreto: Visión

—Para la vida no tiene ninguna importancia que tus deseos sean grandes o pequeños, pero para lograr realizarlos el primer paso es verlos con tu mente. Las personas de mente rica visualizan continuamente y de forma específica lo que desean que ocurra en su vida.

Todo lo que ha sido creado ha surgido de un pensamiento. Ellos son los creadores de tu vida, sé cuidadoso con las imágenes que creas en tu mente.

—Sí, eso ya lo conozco y ya practico la visualización creativa.

—Es muy importante que dediques un tiempo específico a ello, porque me dices que ya visualizas, pero no eres consciente de dónde tienes enfocada la mente el resto del tiempo. De hecho, visualizar lo hace todo el mundo continuamente, la cuestión radica en ser consciente de lo que estás visualizando y hacerlo sólo creando las escenas que deseas experimentar.

Haz de ello un hábito que esté tan arraigado en ti como lavarte los dientes o limpiarte los zapatos. Cada mañana antes de levantarte y cada noche al acostarte visualiza durante quince minutos lo que deseas que ocurra en tu vida y hazlo con todo tipo de detalles, cuanto más uses tu imaginación y mayor deseo exista, más fácilmente lo traerás a tu experiencia.

Casi todas las personas tienen vista, pero pocas tienen visión. La vista consiste en ver lo evidente, en limitarse a observar lo que llamas tu realidad y al poner tu atención en ella, ésa sigue siendo tu experiencia. Es muy sencillo observar la realidad y, de hecho, eso es lo que hacen de forma inconsciente la mayoría de las personas. En cambio, la visión consiste en crear deliberada y conscientemente la realidad que deseas vivir y a través de tu imaginación abrir la puerta de la abundancia.

Casi todas las personas actúan como simples espectadores de la realidad que sin darse cuenta han creado ellos mismos de forma inconsciente y, al seguir fijando su atención en esas cosas, siguen manifestándose en su vida.

Algunos creen que si de forma específica empiezan a visualizar la vida que desean están actuando de forma infantil, cobarde o poco realista, pero no son conscientes de que ya lo están haciendo para crear todas las cosas que no desean, mediante el hecho de centrarse en pensamientos y emociones de las cosas que les disgustan.

La visión también puede entenderse como la película que tú mismo te cuentas o el diálogo interno que mantienes contigo mismo.

Cuando te concentras en tener la visión que deseas para tu vida, no sabes el tiempo que tardará en materializarse, pero debes tener la certeza de que así será. El lapso de tiempo que transcurre entre tu creación mental y la experiencia es necesario para que comprendas lo que estás creando, porque si no existiera ese intervalo también los pensamientos destructivos se tornarían reales más rápidamente.

Existen procesos que no puedes acelerar, porque están sometidos a otras leyes de la naturaleza, de igual modo que un niño para nacer debe esperar algunos meses tras ser concebido o cualquier fruto de la tierra tiene su tiempo de maduración, pero en función de tu amplitud de conciencia la mayoría de tus creaciones serán atraídas con mayor rapidez.

Algunos creen que no pueden atraer las experiencias que desean porque están tan acostumbrados a actuar tanto que no comprenden que alinearse y decidir de forma consciente sus pensamientos es lo más importante que pueden «hacer» y eso es un trabajo que pocos realizan.

Si llegas a dominar el arte de disciplinar tus pensamientos, tus deseos se manifestarán casi de forma instantánea y necesitarás menos acción externa.

Cuarto secreto: Planificación

—En tu vida ordinaria antes de iniciar cualquier viaje, necesitas tener un plan de ruta que te permita llegar con éxito a donde te propones. De igual modo, cuando deseas lograr un objetivo, ya sea personal o profesional, antes debes planificar y organizar un plan de acción, que te asegure su cumplimiento. Éste es el cuarto secreto del éxito.

En uno de los libros que muchos consideran sagrados, el maestro Jesús les dice a sus apóstoles: «Si alguien quiere construir una torre, ¿acaso antes no se sienta primero y calcula los gastos a ver si tiene lo necesario para acabarla?».

—¿Y qué ocurre si tengo claro qué es lo que quiero, pero desconozco cómo puedo obtenerlo?

—Eso suele ser lo habitual. Las personas pueden identificar fácilmente sus deseos, pero a menudo no saben cómo lograrlos. Pero para llegar a tu destino no necesitas ver todo el camino, simplemente da el primer paso.

—Pero entonces ¿cómo puedo planificar?

—No es necesario que seas capaz de tener todo detallado desde que decides tu destino, porque cuanto más pienses en tu deseo, más camino se te mostrará.

Cuando mentalmente te centres en lo que deseas y te apasiones con ello, más ideas llegarán a tu mente sobre cómo lograrlo. Recuerda que aquello donde te enfocas tiende a crecer y lo hará en forma de conceptos, circunstancias y personas que llegarán a ti, según lo que estés pensando. Así es cómo funciona la vida y así es cómo has creado todas tus experiencias, aunque lo hayas hecho para atraer cosas que no deseabas y sin que tuvieras conciencia del proceso.

Planificar no significa tener la seguridad de que siempre vas a obtener exactamente lo que tú quieres, pero sí conseguirás la esencia de lo que buscas porque en ocasiones la vida te traerá sorpresas y pueden gustarte mucho más de lo que habías deseado.

Mantener esta actitud implica fluir con la vida y confiar en su bondad.

—¿Pero eso no es contradictorio con nuestra libertad? Antes me ha asegurado que todo deseo es alcanzable y ahora me dice que el resultado final no tiene por qué ser el que esperamos.

—Recuerda que los deseos a menudo sólo expresan querer sentirnos de determinada manera y los expresamos según nuestra conciencia e inteligencia, pero ambas también existen en unos niveles muy superiores.

Te pondré un ejemplo, imagina que un ejecutivo tiene el deseo de ascender en su empresa y pone todo su foco de atención y esfuerzo en ello. Sus superiores ven su trabajo y sus méritos y deciden darle un puesto de dirección, pero muy por encima de lo que él mismo había imaginado, ¿acaso no estará feliz con ello?

Pues de igual manera, al margen de tu plan de ruta personalizado e individual que tú mismo has elegido, existe una planificación universal que organiza todas las cosas para el bien común y la cual no puedes siquiera imaginar.

Quinto secreto: Acción

—La persona más organizada y planificada no logra sus metas si no actúa en consecuencia. La acción es el desencadenante de todas las situaciones. Éste es el quinto secreto.

En última instancia, el llevar a la práctica aquello que deseas y que previamente has creado en tu mente es lo que puede convertir tus sueños en realidad. Debes confiar en la Fuente de creación, pero también debes realizar la parte de trabajo que te corresponde, estás aquí para ello.

Las personas exitosas no lo son porque estén tocadas por la gracia divina o sean más listas que las demás. Son personas que en su día a día hacen cosas comunes de la mejor forma posible y eso las convierte en especiales.

La acción nunca debe ser realizada con un sentimiento de lucha sino de forma gozosa. Cuanto más te esfuerces externamente por lograr abundancia económica, menos estarás actuando desde el Ser.

Durante milenios las personas hemos sido educadas en el concepto de que la vida es una jungla y que para lograr lo que deseamos debemos someternos al sacrificio, la confrontación o la competencia. En nuestro interior están instalados los pensamientos de carencia, de que «no hay suficiente», de que «hay un enemigo al que vencer», «que si lo tiene otro, yo no puedo tenerlo» y que siempre debemos ir contra algo para lograr lo opuesto. Éstas han sido las creencias de la humanidad y, por tanto, ésas han sido sus experiencias.

Esta actitud sólo provoca resistencia y potencia lo que ya . existe. Puede que logremos eliminar la manifestación de lo que ocurre, pero habremos dejado intacta la causa, y ésta tarde o temprano volverá a manifestarse, repitiendo una realidad similar a la anterior.

Para eliminar las condiciones negativas en sus vidas, muchos se enfocan y luchan contra ellas con toda su atención y esfuerzo, sin saber que de este modo es imposible eliminar la esencia de la negatividad que las provoca.

Nunca luches en contra de lo que no deseas. Las personas luchan contra la guerra, la pobreza, las enfermedades, la delincuencia, la droga... sin darse cuenta de que están potenciando lo que desean evitar, al poner todo el enfoque de su implicación emocional en el problema, en vez de en la solución.

—Y entonces, ¿cómo podemos eliminar lo indeseado? ¿Debemos mantenernos pasivos respecto a todas las situaciones que nos disgustan?

—Con los pensamientos ocurre igual que con los hábitos, debes implantar unos nuevos que reemplacen a los que ahora tienes y puedes hacerlo enfocándote de forma deliberada y concentrada en lo que sí deseas.

Si eres consciente de que ya sea la enfermedad, la pobreza o cualquier otra cosa que no deseas es donde está puesto tu foco de atención, debes modificar tus imágenes mentales creando o imaginando la situación que sí deseas experimentar.

Toma como ejemplo la enfermedad, ella nos muestra cuáles han sido nuestros patrones de comportamiento mental y emocional, precisamente para que seamos responsables y los cambiemos, ya que si no tuviéramos el cuerpo físico no podríamos darnos cuenta de ello.

—Sí, eso ocurre con las llamadas enfermedades psicosomáticas, ¿verdad?

—No. Ocurre con todas.

—¿Me está diciendo que todos los problemas de salud se deben a nuestros pensamientos?

—Así es. La ciencia médica sólo observa el físico y de este modo dicen que tal órgano o tejido está dañado, pero la causa de todo desarreglo proviene de la vibración mental y emocional.

—No puedo aceptar eso, porque está científicamente demostrado que hay causas físicas que provocan las enfermedades.

—Igual que tú, la mayoría de personas sólo ve la manifestación, porque es lo que los sentidos pueden captar. Pero eso sólo es el indicador que muestra el problema o desarreglo, no la causa o detonante.

—No acabo de entenderlo.

—Imagina que una persona tiene una enfermedad relacionada con algún alimento o sustancia perjudicial que consume. Puedes afirmar que determinados componentes químicos son los que la han provocado, pero la causa real son los desarreglos de pensamiento y emociones que acaban derivando en que esa persona tenga esos hábitos insanos y que, más tarde, surja en el cuerpo físico ese desequilibrio.

Si una persona está alineada, su Ser interno ya le proporciona la guía de la conducta adecuada para ella, ya sea en alimentos, ejercicio físico o cualquier otro aspecto exterior. Siempre es la vibración del pensamiento la que crea. No existe excepción.

Ésta es la razón por la cual bajo el mismo medio ambiente y las mismas circunstancias, hay personas sanas y otras enfermas, personas ricas y otras pobres.

Del mismo modo que es mucho más fácil mantenerse rico que volverse rico, también es más sencillo mantener la salud que tener que sanarse. Pero el proceso es exactamente el mismo, alinearte con la Fuente, ella es tanto Riqueza como Salud.

—Si nos basamos en este patrón, nunca moriríamos.

—Exacto y eso es lo que ocurre.

—¿Cómo, que no morimos?

—Nunca mueres, o mejor dicho, mueres muchas veces. ¿Tengo que recordarte de nuevo que la energía sólo se transforma?

—No, no hace falta.

—Ya te dije que no eres sólo un amasijo de carne y huesos, eso es sólo tu carcasa temporal. Pero de todos modos y para responderte de forma concisa, llega un día en que tu viaje en la Tierra toca a su fin, pero es sólo tu cuerpo el que aquí se queda.

¿Cuántos años crees que tengo?

Desde que me senté con el millonario, había estado tan inmerso en sus palabras que no me había fijado demasiado en su apariencia, pero tras su pregunta hice un rápido examen de su fisonomía. Su cabello aunque blanco era muy abundante, destacaban en su cara unos grandes ojos negros y, entonces, pude advertir que excepto en su frente, su rostro no tenía demasiadas arrugas.

—Pues no sé, unos setenta quizá —le respondí sin demasiada convicción.

—¿Estás seguro?

Sin añadir palabra, el millonario frunció el ceño y me sonrió de forma pícara y sólo entonces me percaté de que algunas de las historias que supuestamente había vivido y de las que me había hablado justo al inicio de la conversación no podían ser ciertas a menos que tuviera... ¡casi cien años!

Mientras un escalofrío recorría mi cuerpo, volví a fijarme en su rostro y, aunque no me atreví a cuestionarle porque supondría dudar de su relato, me parecía imposible lo que estaba afirmando en silencio, cuando de nuevo pareció leer mi pensamiento...

—No te sorprendas. Tanto el cuerpo como nuestra vida sólo manifiestan las vibraciones de nuestras creaciones.

Con la riqueza ocurre del mismo modo, sólo observas lo que tus patrones han creado. Cuando comprendes esto, tu único trabajo no es el de luchar, porque si actúas así estás oponiendo más resistencia, sino el de fluir y permitir que las cosas cambien.

Este sentimiento de lucha y confrontación hace que cada vez más personas se instalen en una vibración negativa que es precisamente la que desean evitar. La humanidad lleva tantos años con estas conductas que han llegado a convertirse en hábitos y creencias tan arraigadas, que a pesar de que cualquiera puede comprender la inutilidad de este comportamiento, son muchos los que siguen aferrándose a ellos porque no se han atrevido a probar otra actitud.

Hace más de 2.000 años, ya se nos dijo que el Reino de los Cielos lo podía entender hasta un niño. Las cosas son muy sencillas, pero las personas las complican.

Cuanto antes destierres las creencias inútiles de tu mente, más fácilmente podrás atraer a tu vida todo aquello que deseas para poder vivir en plenitud. La responsabilidad de crear tu propio mundo sólo te corresponde a ti.

A pesar de que seguía escuchando sus palabras, estaba confuso porque no podía apartar de mi mente la posibilidad de que el anciano fuera casi centenario, pero no me atreví a decírselo y seguí con el diálogo.

—Creo que a veces luchamos por superarnos, por probarnos nuestra propia capacidad. Al menos eso es lo que yo he estado haciendo, quería saber de qué era capaz.

—No necesitas demostrar nada a nadie, tú ya eres merecedor del éxito, sólo por el hecho de existir.

Retira de tu mente que debes alcanzar resultados para poderte probar a ti mismo cuál es tu merecimiento, porque si actúas así nunca tendrás suficiente y siempre estarás insatisfecho. Debes experimentar por el gozo y el placer de hacerlo, pero no por ponerte a prueba, porque tú ya eres valioso. Has tenido el valor de bajar a esta Tierra y eso ya demuestra tu valía.

Cuando me inicié en el mundo laboral, no creas que todo me vino rodado sólo porque te he contado que dirigí grandes empresas en mi madurez. Nací en una familia muy humilde, en la infancia perdí a mi padre y muy pronto tuve que trabajar para mantener a mi madre, pues su estado de salud no le permitía hacer grandes esfuerzos.

Así que dejé los estudios y empecé a trabajar de botones en una editorial, siempre me gustaron los libros, pero en mi puesto de trabajo lo único que hacía durante la jornada eran los recados. Tenía acceso a muchas obras literarias y aprovechaba mis descansos y mi tiempo en casa para instruirme, pasaba las horas devorando páginas sin cesar y a través de aquellos libros mi imaginación me transportaba temporalmente a una realidad muy distinta de la que vivía.

La lectura despertó en mí grandes deseos de superación y aprovechaba cada momento en mi trabajo para aprender de las personas. Pasaron unos dos años, y un buen día mi jefe me mandó realizar una entrega en el mejor hotel de la ciudad. Uno de los hombres más ricos estaba hospedado allí y el director de la editorial sabedor de que aquél era un buen cliente nuestro quiso agasajarle enviándole unos libros como obsequio.

Yo sabía que tal persona era muy influyente y que tenía negocios en el ámbito internacional, y motivado por mi deseo de prosperar y por mi alocado ímpetu juvenil, aprovechando que iba a entregarle los libros, me decidí a pedirle si podría ofrecerme un trabajo con el que pudiera aprender más cosas, conocer otros países y ganar un mejor sueldo que llevar a casa.

El hombre se quedó muy sorprendido por mi atrevimiento y mirándome fijamente me dijo:

«¿Qué sabes hacer?».

«Sé hacer lo que haga falta».

Supongo que tras mis palabras, vio en mí un enorme deseo de superación y, a pesar de que yo carecía de estudios, decidió tenderme una mano, tras explicarle mi situación familiar.

«Sólo por tu buena voluntad y tu enorme deseo mereces una oportunidad».

Ese día supuso un cambio de rumbo en mi vida, claro que mi decisión podía haber caído en saco roto y no haber obtenido el trabajo, pero sólo actuando y siendo decididos podemos saberlo. Desde aquel lejano día, ya nunca más aplazo las cosas que deseo hacer.

Con él, viajé por distintos países aprendiendo todo lo que podía y, gracias a la confianza que le inspiré, con los años llegué a ser su secretario personal. Conocí a muchas personas influyentes, adquirí conocimientos y experiencia en sectores como el textil, el transporte, las inversiones y sobre todo en las relaciones personales. Aquel hombre era un ser extraordinario, no sólo hacía de su capacidad para los negocios un verdadero arte, sino que su categoría como ser humano era magnífica. A lo largo de los años, fue para mí un modelo de inspiración, pues su conducta era de ayuda para todo aquel que se la requería y tuve repetidas muestras de cómo había sido un benefactor para muchas personas.

Pasados unos años y gracias al conocimiento que había adquirido de él en los negocios, me ofreció dirigir una de sus empresas en un país extranjero. Por entonces, ya había fallecido mi madre y como no tenía nada que me atara, acepté encantado, aunque ese día y, como ocurre siempre ante una decisión importante en la vida, para alcanzar algo tuve también que renunciar a otras cosas.

Me embargó un sentimiento de enorme satisfacción puesto que su confianza me honraba, pero al mismo tiempo de tristeza y nostalgia por tener que separarme de quien había sido para mí un tutor y un maestro.

Tenía muy presente los valores que tanto mis padres como mi mentor me habían no sólo inculcado sino mostrado con el ejemplo, pero cuando empecé mi camino empresarial en solitario llegó la hora de valerme por mí mismo, sin el cobijo ni la protección de la que había disfrutado hasta entonces.

Mi crecimiento fue entonces mucho mayor, porque sólo en soledad podemos saber nuestro auténtico valor.

—No lo entiendo, porque antes me ha dicho que ya somos valiosos de por sí, que no es necesario demostrar nada.

—Así es, pero de nada sirve serlo si no lo sabes. Por eso te repito que en realidad no debes aprender nada, sino tan sólo recordar. Si recuerdas quién eres y comprendes tu conexión con la Fuente, sabrás de tu inmenso poder porque eres una extensión de ella, lo que ocurre es que mientras estás en este cuerpo no lo recuerdas.

Sexto secreto: Cambio

—La vida es cambio continuo, pero son pocos los que están dispuestos a cambiar. Son muchos los que se aferran a sus creencias y a sus hábitos como si fueran un tesoro que no quieren soltar.

Observa la naturaleza, ella está sometida a cambios continuos y, simplemente, fluye con ellos. Del mismo modo que el agua estancada se pudre, cambia continuamente para poder renovarte y avanzar en tu camino.

Quien hoy eres es distinto de quien eras ayer y de quien serás mañana. Tu cuerpo físico se adapta y cambia sin que hagas nada, pero cambiar tus pensamientos sí debes hacerlo de forma consciente.

Debes estar dispuesto a cambiar y renovarte continuamente, nunca te resistas a los cambios, porque ellos son la base del éxito.

—Sí, ¡pero cómo nos cuesta hacerlos!

Es cierto. Las personas suelen aferrarse y apegarse a las cosas, a las situaciones y a las demás personas. Desean que las circunstancias cambien, pero no siempre están dispuestas a realizar ellas el cambio. No obstante, somos nosotros quienes debemos cambiar y, en el instante que nos atrevemos, todo cambia.

Cuantos menos apegos tengas, más fluirá tu vida. No tiene sentido apegarnos porque todo es transitorio. Tu propio cuerpo está cambiando de forma continua.

Si te propones crear cambios en tu mentalidad, al inicio se resistirá, pero cuando tengas el suficiente entrenamiento, será tan sumisa como tu perro más fiel.

Séptimo secreto: Persistencia

—A veces es fácil iniciar el camino, pero no lo es seguir avanzando cuando hay que salvar obstáculos. Son pocos quienes persisten y los que triunfan. Éste es el último secreto del éxito.

Comenzar algo puede hacerlo cualquiera, pero persistir hasta lograr lo que se desea requiere autodisciplina y son pocos los que la tienen, porque supone trabajarse interiormente y ésa es una tarea que lleva toda una vida. Es un largo y estrecho camino, para el que no existen atajos y pocas son las personas que están dispuestas a atravesarlo.

—¿Y qué ocurre cuando muchas personas persiguen el mismo objetivo y están trabajando duro al igual que yo, pero al final sólo puede haber un vencedor? Aunque sigan los principios del éxito no es posible que todos triunfen. Entonces, ¿quién es el que puede lograrlo?

—Tu pregunta implica que sigues enfocado en la competencia, pero te recuerdo que no luchas contra nadie y que no es la persona que tiene más talento, dones o estudios la que triunfa, ni la que trabaja más duro, sino la que desarrolla sus habilidades internas con persistencia y sigue manteniéndose enfocada en los pensamientos que desea, construyendo un carácter poderoso.

Si por ejemplo existe una competición y las reglas del juego implican que sólo puede haber un ganador, será aquel que tenga mayor deseo y creencia en sí mismo. El primero suelen tenerlo todos, pero los pensamientos en las propias capacidades con persistencia no suelen abundar y por eso hay pocas personas con mentalidad ganadora.

De todos modos, ten siempre presente que en la vida la verdadera victoria no se logra derrotando a nadie, sino permitiendo expresar tu verdadero Ser.

Los 7 secretos del éxito

- Decisión
- Creencia
- Visión
- Planificación
- Acción
- Persistencia
- Cambio

—He compartido contigo estos 7 secretos porque hay conocimientos concretos que debes aplicar para llevar una vida exitosa, pero ahora quiero hablarte de algo igual de importante que es el control de tus emociones. A causa de ellas muchos arruinan sus vidas y causan dolor en los demás. Sé dueño de tus emociones y nunca permitas que te dominen.

Tras escuchar estas palabras, volví a rememorar mis últimos años. Siempre me había considerado una persona entusiasta y alegre, pero el varapalo económico que sufrí, había hecho que me sintiera emocionalmente inestable e incluso estuve a punto de hacer cosas de las que, sin duda, más tarde me hubiera arrepentido. Con las emociones solemos ir de extremo a extremo.

Del mismo modo que hay personas que sólo se enfocan en lo que les disgusta de los demás, hay otras tan ingenuas que sólo ven la bondad de la gente. Hasta que cumplí casi los treinta años, yo fui una de ellas y en gran parte eso me costó el cierre de mis empresas. Cuando se lo expliqué al millonario, ésta fue su respuesta:

—Si siendo tú un pequeño empresario has experimentado esto, imagina lo que sucede cuando alguien que tiene mucho dinero se acerca al poder establecido.

Nunca olvides que las emociones son las guardianas de tu éxito si las tienes dominadas, pero acabarán contigo si eres su esclavo.

Quiero contarte la historia de X, como sabes ha sido de las personas más ricas del país, pero yo lo conocí cuando todavía no lo era y he sido testigo de cómo su ambición desmedida y la envidia que ha generado en su entorno causaron su ruina.

X nació en una familia acomodada aunque no millonaria, pero ya de bien pequeño aprendió el valor de tener los contactos adecuados para ascender socialmente.

Se casó con una mujer de mejor posición que él y, poco a poco, fue escalando de nivel económico. Hizo fortuna con negocios en el extranjero y en pocos años llegó a ser de las personas más reconocidas e influyentes del país. Podía haberse contentado con ello, pues llegó a tener dinero para que hubiesen vivido holgadamente sus tres generaciones siguientes, pero el querer sobresalir y mostrar su opulencia fue su desgracia.

La última vez que nos vimos le recomendé que fuera más discreto y que no se mostrara públicamente, pero la vanidad y el orgullo siempre son malas compañías y acabaron arrastrándolo. La compra de mansiones y de su lujosísimo yate fue la gota que colmó la envidia de otros de su entorno, que carecían de escrúpulos. Ahora como bien sabes, está en prisión.

—Pero ¿qué hay de malo en comprar esas cosas si es lo que uno desea?

—No hay nada de malo en ello, simplemente pretendo que sepas que es imposible destacar sin suscitar envidias, eso debes tenerlo siempre bien presente. Al poder poco le importa los medios que tiene que utilizar cuando alguien le estorba, pues se deshace de él, ya sea culpable o inocente.

Las personas poco evolucionadas y que ostentan poder nunca toleran que otros más cultos e inteligentes que ellos puedan hacerles sombra y todavía menos si lo han logrado sin su ayuda. Ésta es la causa real de por qué muchas buenas personas que alcanzan grandes cotas caen luego en desgracia.

Actúa con prudencia, la ostentación material casi siempre atrae fatales consecuencias.

No dejaba de sorprenderme que alguien de origen humilde, como es mi caso, pudiera haber encontrado a una persona como el millonario que conocía de forma personal a alguien como quien me acababa de relatar. Para que te hagas una idea, durante años esta persona ocupó las primeras planas de periódicos y apariciones en televisión semana tras semana. Pero, mientras en mi mente aún estaba tratando de recordar lo que públicamente se había dicho de él, el millonario siguió con otra historia:

—Cuando empecé a dirigir la primera empresa de mi mentor, pronto conocí a los mejores empresarios del país, en esa época la economía florecía y los negocios iban viento en popa. Uno de estos hombres poseía una de las industrias más rentables y, mientras en nuestra compañía sólo repartíamos algunos beneficios y la mayoría de dividendos se destinaban a la reinversión en investigación y también a la provisión de fondos, él despilfarraba su dinero. Cuanto más ganaba más gastaba. Fácil entraba y fácil salía. Llevaba años actuando así y no veía motivo para cambiar su comportamiento. El negocio seguía en alza y, además, apenas tenía competencia por lo que no había motivos para temer nada. Cuando deseaba realizar alguna ampliación o inversión para la empresa, solicitaba un crédito a los bancos y fácilmente disponía de capital.

Estuvo viviendo así muchos años. Tenía los mejores coches, vestía los mejores trajes y cada noche podía vérsele cenando en los restaurantes y hoteles más lujosos de la ciudad en compañía de políticos y otros personajes poderosos.

Pero la vida se rige por ciclos y es imposible escapar de ellos. Éstos son tan ciertos y exactos, como que después del día más radiante siempre llega la noche oscura.

Y después de algunos años la noche llegó. El país entró en una profunda crisis económica y sus productos fueron vendiéndose cada vez menos, al tiempo que el gobierno prohibió por ley algunos de los materiales que usaba en la fabricación de sus artículos de más éxito. La gran caída de ventas unida al impago de los créditos que tenía por no haber provisionado parte de lo que ganaba fue su perdición financiera, hasta que cayó en bancarrota.

Esta otra historia también te ayudará a comprender la importancia de no dejarnos dominar por nuestras emociones: Hace algunos años en una fiesta conocí a..., ya sabes que ha sido uno de los futbolistas con más proyección y que tuvo una carrera con muchos altibajos, debido a su carácter polémico. De joven estuvo marcado por una infancia muy problemática en la que quedó huérfano y vivió en un barrio humilde del extrarradio, llegando incluso a coquetear con la delincuencia.

En su juventud se convirtió en un futbolista profesional, pero en vez de agradecer y aprovechar la nueva situación que la vida le brindaba, se tornó muy conflictivo e hizo de la rebeldía su forma de vida. Tuvo enfrentamientos continuos con compañeros, entrenadores, directivos y con todo aquel que no era de su agrado.

Aunque su fondo era de muy buen corazón y ayudaba dando dinero a todo aquel que se lo pedía, no llevaba una vida acorde a la de un deportista: se rodeó de malas compañías, despilfarraba su dinero y pasaba las noches en juergas interminables donde se entregaba a todo tipo de vicios.

Después de haber tenido ingresos millonarios, cuando acabó su carrera en el fútbol estaba sin un céntimo. Sin estudios y ninguna profesión conocida, su vida entró en una espiral cada vez más destructiva y, por último, falleció poco después de los 40 años.

Las leyes del destino hicieron que esta historia no me fuera ajena, pues yo mismo llegué a conocer a esta persona cuando en mi juventud también fui futbolista amateur y tuve que ver cómo alguien que lo había tenido todo a nivel material vagaba tristemente mendigando dinero para poder subsistir.

No dependen de ti las leyes de los gobiernos, ni la situación del mercado, ni los ciclos financieros. Lo único que puedes dominar es tu carácter, pero con eso te basta para lograr el éxito.

Cuando existe viento a favor, la mayoría de personas sólo se ocupan de «vivir el momento». Es importante hacerlo, pero también lo es ser cauto. Todo en su justa medida, porque cuando nos dejamos llevar cuesta abajo, subir cada vez es más complicado.

Para forjar este carácter ganador, siempre debes tener objetivos. Ellos marcan el rumbo al que te diriges. No tenerlos es el camino al precipicio. Quiero contarte otra historia que viví muy de cerca motivada por la carencia de rumbo en la vida y la falta de control emocional:

Cuando viví en el extranjero conocí a..., un importante político, poseía gran nivel intelectual y facilidad para las relaciones humanas y, muy pronto, alcanzó el éxito en la carrera diplomática. Se casó con una mujer muy bella y mucho más joven que él. La boda se celebró apenas cumplió ella los dieciocho años. Era una mujer que destacaba sobremanera, muy guapa y con un cuerpo voluptuoso, que la hacía objeto del deseo de la mayoría de los hombres y la envidia de muchas mujeres.

La vida de esta joven a los ojos de los demás era perfecta: tenía un marido que la amaba y una existencia cómoda con todas las satisfacciones y lujos posibles. Durante el día ocupaba la mayor parte del tiempo en sus cuidados personales o en visitar tiendas para comprar todo tipo de ropas y joyas con las que su marido le obsequiaba. La mayoría de las noches las pasaban en cócteles y cenas de alta sociedad a las que por la profesión de su esposo se veían obligados a asistir.

A pesar de su felicidad exterior, su existencia era vacía, carente de metas y sentido, pues no realizaba ningún progreso, más que el satisfacer sus constantes caprichos.

De esta forma transcurrió toda su juventud, pero el paso de los años y los avatares de la vida, hicieron que el marido se enamorara de otra mujer más joven. Se separaron y en virtud de las leyes del país, el marido se quedó prácticamente con el patrimonio de ambos. Ella, acostumbrada como estaba a una vida regalada, sin familia, sin amigos verdaderos, sin ocupación ni propósito de vida, se veía ahora sin la belleza de la juventud, sin dinero y al margen de la sociedad a la que había pertenecido.

Estuvo mucho tiempo inmersa en una profunda depresión y lo último que supe de ella es que había caído en la prostitución.

Éstas son sólo historias de personas que he conocido muy de cerca, pero espero que te sirvan para tomar ejemplo de lo importante que es el carácter que construyes en tu vida. Del mismo modo que el fuego forja el acero, las metas y la superación personal son claves para vivir en equilibrio. Si nunca has tenido problemas y todo te ha resultado fácil, el día que una ráfaga de aire llegue a tu vida, será suficiente para derrumbarte. En cambio si estás curtido, tus cimientos estarán bien asentados y podrás resistir ante un huracán.

—Sí, eso lo tengo claro, todo lo que no me destruye me hace más fuerte.

—Estoy de acuerdo, pero no te quedes en los tópicos, atrévete, arriésgate cada día de tu vida. No seas un necio que se conforma con seguir al rebaño. Eres un ser único, ten la valentía de explotar tus dones, como sólo tú sabes hacerlo y actúa siempre según tu conciencia sin importarte lo más mínimo la opinión de los demás.

Son muchos los que no se permiten ser ellos mismos por tratar de complacer a los demás. Pero cada persona está inmersa en su propia lucha interna y a ti sólo te atañe la tuya.

Nunca tengas miedo de ser diferente, pues el único modo de triunfar es siendo tú mismo. Si actúas así muchos te tacharán de ser egoísta, pero cada cual ya tiene su propio juicio, nunca te inmiscuyas en el de los demás.

—Bueno, lo cierto es que no me siento con miedo.

—Es normal que no lo sientas, porque no te has atrevido a hacer algo que a día de hoy supere tus expectativas. Yo te hablo de fijarte metas tan altas que cuando las cumplas sabrás que hasta entonces habías estado dormido. No tienes la menor idea para lo que estás destinado.

—Creo que me he perdido, ¿no hemos quedado que no tengo un destino establecido y que puedo hacer uso de mi libertad en cada instante?

—Así es.

—Entonces, ¿cómo puede decirme que estoy destinado a algo?

—Porque lo estás. Tú y todo lo existente.

Cuando en cualquier área de la vida todavía no se ha logrado algo, son muchos quienes dicen que eso no se puede hacer, que es imposible o cualquier otra frase que expresa limitación y falta de creencia en las propias capacidades. Pero, cuando alguna persona traspasa esas barreras y alcanza el logro, entonces son muchos los que sí se ven capaces también de poder lograrlo, porque ya existe un molde o modelo, no se cuestiona porque alguien ya lo ha logrado y eso sirve para que entonces otros muchos crean que ellos también pueden hacerlo.

Si la dificultad y las circunstancias no han cambiado, es evidente que es la creencia la que determina el éxito. Por ello, nunca te dejes influenciar por las creencias ajenas. Experimenta por ti mismo antes de juzgar.

Tu cerebro trabaja de forma inconsciente la mayor parte del tiempo y hace que actúes sin plena conciencia de lo que estás haciendo. Estos comportamientos de repetición automática puedes observarlos por ejemplo en el hábito del tabaco, cuando una persona enciende un cigarro, todas las fumadoras de su entorno siguen el mismo impulso.

Hoy tengo muy claro que los seres humanos seguimos y copiamos a los demás. En materia de dinero y tiempo ocurre exactamente lo mismo, solemos hacer lo que hemos estado haciendo y que también es lo que hace la mayoría de la gente.

Te pondré otro ejemplo revelador de la conducta humana, con un estudio realizado sobre personas con altos conocimientos financieros:

Se seleccionó por separado a dos grupos de expertos analistas en bolsa e inversiones, a los que se les pidió que hicieran un pronóstico de qué valores creían que iban a experimentar subidas en los mercados en los próximos meses. Los resultados fueron muy dispares en los dos grupos. Posteriormente a cada uno de los grupos se les filtró información de lo que había pensado el otro grupo y se les dio margen por si querían modificar sus respuestas. El resultado final fue que los dos grupos acabaron mostrando resultados parecidos.

Tenemos miedo de resultar diferentes, cuando es precisamente la diferencia la que nos lleva al éxito.

Siempre hay riqueza y belleza para quien quiere verlas. Pocas personas aprecian las cosas que realmente importan en la vida, pero eso no resta su auténtico valor.

Aunque estas palabras me confortaron, con los años he conocido a muchas personas que hacen cosas extraordinarias por los demás y que pasan desapercibidas y sin tener el reconocimiento y agradecimiento que merecen. Por ello, siendo objetivo, no puedo dejar de ver cómo nuestra sociedad está enferma. A poco que reflexiones sobre este hecho y veas la escala de valores que impera, te darás cuenta de ello –espero que ya lo hayas hecho antes–. Existen personas en el planeta que tienen grandes conocimientos profesionales y de los cuales todos nos beneficiaríamos, ya que de su aplicación se derivaría un cambio de rumbo para la humanidad, son ese tipo de personas que con sus contribuciones pueden transformar la sociedad, pero al fin y al cabo a efectos prácticos lo único que importa es si eso se lleva a cabo o no. Te estoy diciendo que poco importa lo que puedes aportar si no lo aportas.

—He conocido a muchas personas a lo largo de mi vida, pero quizás una de las que más me ha sorprendido es..., ahora todo el mundo habla de él y de su imperio empresarial, pero cuando yo lo conocí, apenas tenía un par de negocios y aparentemente nada presagiaba que llegaría tan lejos. Si ha logrado el éxito financiero se debe a su carácter, pues a pesar de su inmensa fortuna sigue teniendo la misma humildad, decisión y amor por su trabajo que cuando lo conocí. Sabes que a pesar de su riqueza, poco se conoce de su vida privada y de sus orígenes, pues siempre ha hecho de la prudencia y la discreción su forma de vida.

Lo que pocos saben es que gran parte de su fortuna la invierte en ayudar a otros a través de proyectos educativos y benéficos, sin que nunca figure su nombre. Ése es uno de los mejores usos que pueden darse al dinero.

Muchos se extrañan de que una persona sin formación académica haya llegado a lograr tantos éxitos empresariales, pero lo que desconocen es que su éxito se basa en que es uno de los mejores visionarios que existen. Su capacidad de concentrar su pensamiento en los proyectos que desea materializar es la clave de su fortuna.

Los robasueños

Siempre me ha llamado la atención que muchas personas famosas, especialmente los artistas cuando tienen un proyecto en mente, nunca lo explican hasta que no está firmado o iniciado. Creía que eso era propio de personas supersticiosas y así se lo hice saber al millonario, pero su respuesta volvió a sorprenderme dejando al descubierto mi propia ignorancia.

—Hay personas que roban tiempo, otras te quitan tus pertenencias materiales, pero existen algunas que roban otro tesoro muy valioso: tus sueños. Vigila con quien los compartes.

—¿Cómo puede alguien robarme mis sueños?

Cada vez que entras en contacto con alguien, te transmite su vibración, ya sea a nivel verbal o emocional. Si frecuentemente estás con personas que tienen vibraciones bajas motivadas por deseos insanos, pensamientos de carencia, actitud de queja y similares, fácilmente acabarás pensando y sintiendo como ellos y atrayendo sus mismas circunstancias. Te recuerdo que no puedes prestar atención a algo y evitar atraer esa misma vibración.

Las personas que actúan como robasueños, ni aun cuando vean los resultados en ti, querrán actuar. Muchos son como el perro del hortelano, ni comen, ni dejan comer.

Los que critican y condenan son el grupo más numeroso, porque hacerlo es sencillo, gratuito y no requiere esfuerzo. En cambio, actuar para transformar tu vida es un trabajo duro aunque la recompensa sea muy valiosa.

Hoy sé que la recomendación que puedo darte cuando te encuentres este tipo de conductas críticas es simplemente que reflexiones si la vida de esa persona es un modelo a seguir. Observarás de manera usual que quien tiene ese comportamiento no suele gozar de éxito en su vida personal.

En cualquier caso, aunque te lo diga una persona de éxito, lo que sí que tiene es un tremendo desconocimiento del daño que con su actitud puede hacer a las personas que luchan por salir adelante y emprender cualquier objetivo. No te extrañe si estas actitudes en ocasiones provienen de tu círculo más íntimo, incluso la propia pareja o familia más cercana. Esas personas a veces sin proponérselo pueden ser nuestros mayores enemigos pero, al mismo tiempo, si tienes confianza en tus propias capacidades, estas conductas te pueden servir de reto y superación personal para luchar con mayor fuerza y motivación por tus sueños.

El mayor consejo que me dio el millonario respecto a las opiniones ajenas fue éste:

—Aprende de todos, pero que nada ni nadie te aparte de tu meta. Todo el mundo es un ejemplo, algunos lo son a seguir y otros a evitar.

Siempre estamos emitiendo vibraciones, pero pocos son conscientes de las suyas propias y de las que reciben de los demás. Si estás enfocado en tus metas y te dejas influenciar por otros, será fácil que acabes vibrando como ellos y, por tanto, estarás perdiendo la alineación con tus objetivos.

Si deseas lograr tus metas evita escuchar a las personas quejosas. Muchos te dirán que eres egoísta porque no prestas atención a sus negatividades, pero si lo haces, a ellas no les supone ninguna ayuda y tú estarás perjudicándote.

—Si todos nos comportamos así, ¿no nos estamos despreocupando de los demás y siendo insolidarios?

—Recuerda que a cada cual le corresponde crear su propia realidad y que todos tienen el mismo poder que tú. No existe nadie más especial, pues todos provenimos de la misma Fuente y del mismo modo que no hay nadie superior, tampoco el que está sufriendo es inferior.

Todas las personas tenemos sueños cuando somos niños, época en la que creemos que todo es posible, pero a medida que los años van sumándose, son muchos los que abandonan sus ilusiones y dejan de ser soñadores para convertirse en meros observadores de la realidad. A menudo, cuanto más realista eres menos feliz te sientes.

La lista de los 7 deseos

No te apartes de tus sueños, pues ellos son la esencia de tu alma. Voy a contarte la forma más sencilla y rápida de cumplir todo lo que desees, yo la llamo la lista de los 7 deseos.

Escribe en una hoja 7 objetivos que te gustaría cumplir en tu vida. Atrévete a soñar, sé creativo, no pongas límites y apunta todo aquello que deseas, no importa que sean cosas materiales que deseas tener, sitios a los que deseas viajar, personas a las que deseas conocer, o cualquier otra cosa, pero defínelos de la forma más concreta que seas capaz.

Lee tu lista de deseos cada día al levantarte por la mañana y también cada noche antes de acostarte y visualiza cada uno de ellos con la máxima intensidad emocional, como si ya fueran realidad y te sintieras feliz y agradecido por haberlos cumplido.

Cada vez que logres uno de ellos, táchalo y vuelve a escribir otro, pero recuerda que siempre debes tener anotados 7 deseos en tu lista.

Puede que al inicio tardes en ver resultados, pero con la práctica cada vez te resultará más sencillo y materializarás tus deseos de forma más rápida.

—Pero ¿por qué deben ser 7 deseos?

—Hay muy pocas personas que comprendan el valor de los números y la simbología que encierran. A pesar de que estamos rodeados de ellos, son pocos los que saben utilizar su enorme poder. Todo lo que existe en la creación puede reducirse a números y cada persona o cosa emite un tono en correspondencia a las vibraciones numéricas del Universo. Cada número tiene una nota vibracional concreta y el 7 tiene un poder enorme para manifestar lo que deseas, es un puente que une el mundo invisible o la Fuente con lo que llamas tu realidad o experiencia.

Aunque en ese momento no comprendía la sabiduría de sus palabras, pasados los años sigo sin entender de forma completa cuál es la causa que produce esos resultados, ¡pero he comprobado que siempre funciona!

Usa tu «resto del tiempo»
para hacer dinero

«Las personas suelen elegir con todo tipo de detalles las cosas materiales que desean, pero pocas escogen con el mismo cuidado sus pensamientos. Cuando los cambies, cambiará tu vida. No pretendas ver cambios en los demás, se tú el cambio».

Cada día tengo pruebas que demuestran lo cierto de estas palabras. En ocasiones, aunque el sentido común nos indique que nuestra actuación es equivocada nos empeñamos en seguir con ella. Queremos que algo o alguien produzca los cambios, pero nos resistimos a hacerlo nosotros mismos. En los hábitos respecto al dinero esto no es una excepción.

Cuando tratamos de tener más dinero, el primer pensamiento suele ser reducir nuestros gastos mensuales. No niego que esto sea positivo y hasta imprescindible si estás derrochando tu dinero en cosas superfluas, pero si realmente quieres ahorrar dinero sistemática e inteligentemente, además de reducir tus gastos, deberás incidir sobre todo en aumentar tus ingresos. Pocas personas se plantean de forma directa obtener más ingresos que los que tienen actualmente, porque la gran mayoría trabaja por cuenta ajena y el aumento de ingresos sólo suele venir si cambian de empleo y/o acceden a un mayor salario.

Si trabajas por cuenta ajena, a no ser que seas comercial o trabajes sobre resultados, poco puedes hacer por aumentar tus ingresos mientras trabajas. Simplemente intercambias tu tiempo por dinero. Pero, fuera de tu jornada laboral, puedes llevar a cabo acciones con las que incrementar tus ingresos mediante el inicio de alguna actividad a tiempo parcial, que pueda proporcionarte ingresos extra. En ocasiones, se menosprecian estos ingresos porque muchos creen que el tiempo que van a destinar a obtenerlos no les compensa ese esfuerzo, ya que no va a transformar su vida y deciden destinar su «tiempo libre» a actividades de ocio u otro tipo de tareas con las que se evaden de su jornada laboral, pero que no les proporcionan prosperidad económica. Esto es un gran error, porque más adelante te demostraré cómo unos ingresos adicionales de tan sólo 300 euros mensuales pueden marcar una gran diferencia en tu vida a largo plazo.

Cuanto más agobiada está una persona por el dinero, más busca evadirse de su realidad. Escucho a menudo a muchas personas excusarse en la falta de tiempo para poder generar más ingresos, pero la capacidad de las personas para autoengañarse no tiene límites. A pesar de que internet ha restado protagonismo a la gran pantalla, recientes estudios afirman que en muchos países las personas destinan de media, más de 3 horas diarias a ver la televisión. Esas horas son casi la mitad de una jornada laboral. Al cabo del año suponen 41 días delante de la llamada «caja tonta». ¿Te has planteado si ese precioso tiempo fuera empleado para aprender idiomas, una nueva profesión o dedicarlo a generar más ingresos? Cada cual vive su vida como quiere, pero lo que te aseguro es que la actitud pasiva no cambia vidas. Y resulta paradójico porque precisamente quien menos dinero tiene es quien más desea que las cosas cambien.

El valor de lo que haces

«El comportamiento de las personas no se basa en el sentido común. Nos movemos por emociones y por nuestra limitada y particular visión de lo que percibimos. Pocas personas aprecian las cosas realmente importantes. Puedes frustrarte por ello, o puedes usarlo a tu favor».

Estas palabras del millonario las he comprobado durante años en mis consultas con empresarios. En el mundo hay mucho talento desaprovechado. Pero tan importante es el talento que tienes, como la forma, el momento y el lugar donde lo muestras a los demás. Dominar esto es importante en cualquier área, pero si te dedicas a los negocios es vital.

Ésta es la premisa básica que debes tener en cuenta en tu trabajo. Tú y yo percibimos la realidad según nuestra perspectiva, con lo cual la misma imagen tiene infinidad de visiones distintas.

Vivimos en un mundo donde la mayoría de personas valoran más el continente que el contenido, en lenguaje coloquial decimos «todo entra por la vista» o «una imagen vale más que mil palabras», pero esa imagen no es una realidad objetiva y única, sino que está basada en tu propia percepción, que en mayor o menor medida, siempre es limitada. Conocer y dominar este principio psicológico es muy importante para generar dinero.

Voy a ponerte un ejemplo real de cómo las personas valoramos las cosas en función de las apariencias y no del valor real del contenido:

En una estación de metro de Washington, un violinista estuvo durante una hora interpretando piezas musicales de Bach. Se calculó que pasaron por delante de él más de 2.000 personas. La gente manifestaba hacia él una total indiferencia hasta el punto que sólo seis personas se detuvieron a escucharlo y únicamente recogió 32 dólares. Nadie le aplaudió.

Lo que desconocían esas personas es que ese músico era Joshua Bell, considerado uno de los mejores violinistas del mundo, quien dos días antes había agotado las entradas en un teatro de Boston y las personas habían pagado 100 dólares para escuchar las mismas piezas que había tocado en el metro.

De esta historia obtuve dos conclusiones:

La primera, que tal como me dijo el millonario, la mayoría de personas pasan por la vida sin apreciar y valorar muchas cosas bellas que de forma gratuita tenemos a nuestra disposición.

Y la segunda es que para generar dinero debes asegurarte de que las personas perciban tu verdadero valor y eso se consigue dirigiéndote a tu público ideal, en el contexto idóneo. Tal como nos dijo un maestro: «No des perlas a los cerdos».

Para darte otra prueba más de cómo las personas «vemos» las cosas, te contaré una historia que viví con un amigo:

Hace años, a pesar de que ya tenía mi consulta profesional, en esa época aún no era una persona muy conocida en mi sector y empezaba a dar mis primeras conferencias y cursos. Un amigo me preguntó en una ocasión si podía realizarme una consulta para solventar un problema que tenía. Dada la relación de amistad, decidí hacerlo de forma gratuita y, en vez de acudir a mi despacho, nos citamos de manera informal en un restaurante. A pesar de que estuve tratándole con la misma dedicación que a mis clientes, percibí que mis recomendaciones no le habían causado demasiado impacto, para ser más claro, «por un oído le entraban y por el otro le salían».

Semanas más tarde, esa misma persona acudió a uno de mis talleres. Al finalizar el día, vino a abrazarme entusiasmado y diciéndome emocionado que le había ayudado muchísimo. Puedes imaginarte mi cara de sorpresa, pues la temática había sido la misma sobre la cual yo le había hablado en privado.

La diferencia en su reacción radica en que esta vez había pagado 100 euros por escucharme y que yo no estaba sentado a su lado, sino que lo hacía en un estrado y con doscientas personas como público.

Las personas no valoramos las cosas por sí mismas, porque sólo las percibimos en función de nuestra perspectiva, pero sobre todo nuestra visión está condicionada por el entorno en el cual se producen esas cosas.

Emociones y dinero

«Que tu pasión en lo que hagas no te haga perder el norte. Ten la mente en las alturas y los pies en el suelo».

Tras escuchar estas palabras, recordé que antes de conocer al millonario anónimo yo había montado uno de los primeros call-centers que se crearon en España. No tenía ninguna experiencia en negocios, pero el hecho de estar en el sitio correcto en el momento adecuado me proporcionó grandes beneficios. Amorticé mi inversión en el segundo mes de negocio y, a los pocos meses, tenía un negocio que funcionaba solo y en el que empleaba a unas cuarenta personas. Ese negocio me proporcionaba mucho dinero pero no me satisfacía personalmente. Con el dinero que ganaba entré en el negocio editorial que era un proyecto que me apasionaba y en el que volqué todos mis beneficios del otro negocio y todo mi tiempo. Dos años más tarde me quedé sin los dos negocios y sin un duro en el bolsillo.

Ésta fue una de las más grandes lecciones que he tenido sobre el dinero. Ahora sé que éste no entiende de emociones. Si tu negocio es tu pasión, te felicito, pero que los árboles no te impidan ver el bosque.

Veo a menudo que, igual que me ocurrió a mí, muchos emprendedores se arruinan porque siguen apostando por proyectos que no tienen viabilidad alguna, pero por amor propio y la ilusión de prosperar siguen invirtiendo en ellos. Por eso te aconsejo que seas totalmente analítico y no te impliques emocionalmente si los resultados de tu negocio no son los que esperas, porque una retirada a tiempo puede ser una victoria.

Esta actitud también la observo a menudo cuando a muchos profesionales les pregunto cuál es su negocio y me contestan enfocándose en las cosas que les gustan o motivan, pero sin embargo no les genera beneficios. Ésa es una conducta peligrosa: confunden su pasatiempo con el negocio.

Educación financiera

El millonario me había hablado de las leyes espirituales, pero también me recalcó la importancia no sólo de transformar mi mente sino de aprender y aplicar los principios económicos que me acercaran a la libertad financiera en mi vida diaria. A ese conjunto de conocimientos y actitudes hoy en día se le llama «formación» o «educación financiera».

Para cumplir con cualquier reto en la vida necesitas tener un entrenamiento específico. Si persigues la libertad financiera, esto no es una excepción. La primera cosa que debes saber es que, cuando somos niños, nuestra educación no está encaminada a alcanzar nuestro máximo desarrollo personal, ni muchos menos el financiero, y ésos son los principales aspectos que debes cultivar si deseas alcanzar la abundancia económica.

«A lo largo de la historia siempre han existido personas que han gozado de libertad financiera, habiéndola obtenido por diferentes vías. Hoy es más sencillo que nunca poder alcanzarla, porque las nuevas tecnologías y el aumento de conciencia conllevan que los procesos que antes tardaban años en poder materializarse puedan hacerse ahora de forma muy rápida. A mí me llevo mucho tiempo hacerme rico, pero lo que yo conseguí en décadas, puedes lograrlo tú en pocos años».

A los que piensan que hoy existen más que nunca desigualdades sociales les conviene estudiar y dar un repaso a la historia de la humanidad para cerciorarse de cómo las personas que nacían en las clases sociales más desfavorecidas, en la mayoría de los casos, quedaban condenadas a mantenerse en ellas toda su vida, ya que ni siquiera tenían opciones para mejorar sus condiciones económicas. El que nacía de padres pobres vivía pobre toda su vida. Respecto al trabajo ocurría lo mismo: las gentes aprendían un oficio que desarrollaban hasta que fallecían.

Eran pocos los que podían acceder a una mínima educación y, a no ser que pertenecieras a las clases aristocráticas, sólo aprender un oficio podía garantizar una vida con una mínima dignidad.

Hoy en día esto ya no es así y, aunque en muchos países siguen existiendo condiciones de vida deplorables, el modelo de sociedad mayoritario propicia que muchas personas que nacen en ambientes familiares poco favorables para generar riqueza puedan conseguirla al cabo de los años.

«Edúcate financieramente para saber cuáles son los circuitos que generan abundancia financiera y mantén los hábitos correctos que atraen la prosperidad

No puedes esperar atraer la riqueza y la independencia financiera si estás permanentemente con personas negativas, ociosas o con mentalidad pobre.

Tu mente es mucho más influenciable de lo que crees. Este tipo de caracteres hacen que te mantengas sin crecer. Del mismo modo, vigila lo que lees, lo que ves y lo que escuchas, porque lo que entra por tus sentidos son las semillas que brotarán en tu mente y más tarde se convertirán en frutos».

Cambiar mi entorno y dejar de ver las noticias en televisión fue una de las primeras cosas que hice cuando conocí al millonario anónimo, hasta entonces, de forma inconsciente pasaba mucho tiempo con personas que no me aportaban valor y, de esta forma, sin saberlo estaba perjudicándome y restando mi potencial de crecimiento.

Desde ese día procuro relacionarme y aprender de personas mejores que yo y que sepan más de lo que yo sé. Tener mentores honestos y experimentados es fundamental, pues esas personas con su ejemplo te sirven de estímulo e inspiración en tu crecimiento en todas las áreas de la vida.

Uno de los consejos más repetidos del millonario anónimo es que debemos mantener nuestra mente abierta y receptiva, para aprender continuamente de los maestros. Desde ese lejano día, en mi vida siempre me fijo en quién hace las cosas mejor en cualquier ámbito de la vida, para ver qué puedo aprender de esa persona y trabajar en mi propia mejora.

«La actitud de aprendizaje continuo es fundamental y de ¿quién puedes aprender? Si buscas paz en tu vida, júntate con personas pacíficas, si buscas sabiduría rodéate de sabios, si buscas riqueza hazlo con gente rica.

Cuando veas a alguien que tiene lo que deseas tener o que ha logrado ser lo que anhelas, no te comportes como un necio, como la mayoría que critica y respóndete con sinceridad:

¿Qué habilidades tiene esta persona que yo debería desarrollar?

¿Qué hábitos tiene esta persona que yo debería adquirir?

¿Qué conocimientos tiene esta persona que yo debería aprender?

¿Qué virtudes posee esta persona que yo debería aplicar?

Si actúas así respetas a los demás y a ti mismo, responsabilizándote de tus propias acciones y tu desarrollo personal. La actitud de la mayoría es la de menospreciar y criticar a los demás, aun sin conocerlos.

La riqueza es algo que muchos desean. Lo que desconoce la mayoría de personas es que para manifestar la riqueza externa, en primer término, hay que crear una mente rica, ya que ésta constituye los cimientos de lo que deseamos lograr.

Pero ésta no se construye externamente, sino trabajando por dentro. Cuanto más profundas son las raíces de un árbol, más esplendor muestra».

Con el paso de los años he comprobado que por muchos conocimientos académicos que tengas sobre economía, finanzas y negocios, si estas bases de la creencia en la riqueza no existen en tu mente, difícilmente podrás lograr abundancia externa en tu vida.

Para crear una mente rica deberás modificar tus creencias, ya que seguro albergas muchos patrones limitantes respecto a la riqueza. Los asuntos vinculados con el dinero, la prosperidad y la abundancia se encuentran entre los aspectos con más limitaciones mentales que tienen las personas.

Una de las razones es el concepto de carencia en el que socialmente la humanidad ha vivido en muchas épocas y que ha quedado impregnado en el inconsciente colectivo durante milenios. Otro de los motivos básicos por el que podrás entender muy fácilmente porque existen tantas limitaciones sobre el dinero, es que a la mayoría de las personas no nos educaron para ser independientes y nos dijeron «hazte rico», sino que fuimos entrenadas para trabajar para otro a cambio de nuestro tiempo.

Ahora mismo, al leer la palabra «rico» ya se ha producido en ti una impresión positiva o negativa, en función de cuál sea tu relación con el dinero. Son sólo cuatro letras, pero cada cual las interpretamos de forma bien distinta.

Por ello, debes trabajar en esa relación con el dinero, para transformarte y lograr una mente rica. Recuerda que cambiando tus pensamientos repetitivos y tus hábitos puedes lograrlo, enfocándote únicamente en lo que deseas.

Compruebo a diario que muchas personas que están vinculadas a los negocios y al desarrollo personal conocen a la perfección que es primordial eliminar sus patrones mentales negativos respecto al dinero, saben toda la teoría, leen todos los libros sobre el tema, pero en la práctica poco hacen por llevar ese conocimiento a la acción. Ese conocimiento sin la práctica continuada resulta inútil y sus vidas no prosperan.

El primer paso para cambiar tu mente pobre y conseguir una mente rica es revisar de forma sincera tus creencias sobre el dinero, porque es el lugar de donde partes ahora.

El millonario anónimo me enseñó que la riqueza no consiste sólo en tener dinero o bienes materiales. Riqueza y abundancia tienen significados mucho más profundos, que abarcan el explotar nuestra plena capacidad como seres humanos para desarrollarnos en todas las áreas, tanto las económicas y profesionales, como las personales, sintiéndonos realizados.

«Ya sabes que cualquier cosa que deseas crear nace en tu mente, con tus pensamientos. La riqueza no es ninguna excepción, por tanto, antes de tener riqueza externa crea primero una mente rica».

Allí donde hoy se encuentre, estoy seguro de que el millonario sonríe cuando ahora me ve hablar a las personas sobre inversiones, porque la mayoría de ellas me preguntan: «¿Esto me hará rico? ¿Me hará ganar mucha pasta? ¿Podré llegar a ser millonario?». Todas esas preguntas sólo reflejan la misma ignorancia en materia económica que tenía yo entonces y mi respuesta ahora siempre es la misma, aunque no me atribuyo su autoría, ya que aquel lejano día el millonario anónimo mirándome a los ojos me preguntó:

«Álex ¿qué es ser rico para ti?».

Con mis respuestas anteriores me había sentido tan ridículo, que ya no sabía qué contestar y, encogiéndome de hombros, preferí mantenerme en silencio.

«Ser rico o millonario son conceptos subjetivos, para cada persona implica cosas y cantidades diferentes. Desde los principios y valores personales hasta los puramente materialistas. Pero en las finanzas no hablamos de filosofía ni conceptos abstractos, hablamos de números, por eso lo primero que debes plantearte es la cifra que para ti significa ser rico. Yo prefiero llamarle la cifra de independencia financiera porque refleja mejor la libertad que proporciona el dinero».

Hoy sé que esta cifra también es subjetiva, pero la independencia financiera es la cantidad económica que necesitas para tener la libertad de no seguir trabajando por dinero. Así de simple. En esa situación económica, nuestros ingresos mensuales nos permiten cubrir con creces todas nuestras obligaciones sin necesidad de trabajar nunca más. Nuestro dinero trabaja para nosotros. En lenguaje coloquial también podemos definirla como «vivir de rentas».

Por ello es tan subjetiva y relativa.

Imagina que dispones de un patrimonio líquido (dinero en efectivo) de 300.000 euros. Con esa cifra unas personas pueden ser financieramente libres y otras no. ¿De qué depende? Entre otros factores, de cómo estés haciendo trabajar ese dinero, de dónde lo uses y del resultado de tu cuenta de resultados, la diferencia entre tus gastos e ingresos. Conozco parejas que ganan entre los dos 3.000 euros mensuales y consiguen ahorrar cerca de 1.000 euros al mes y otros que ganando más de 6.000 euros están siempre en números rojos.

En primer lugar, debes fijar la cifra económica con la cual puedas ser financieramente independiente. Llegados a esa cifra, tú decides si sigues trabajando como hasta la fecha, si dedicas tu tiempo a otras actividades profesionales, como es mi caso, o simplemente dejas de trabajar, como han hecho algunos de mis clientes y amigos. Puede que ahora no logres ver con absoluta claridad lo que supone la independencia financiera, pero es básico que fijes desde ahora qué harás con tu tiempo cuando llegues a ella. Muchas personas me dicen: «Me retiraría», pero eso es sólo un concepto vago y genérico, debes estipular a qué destinarías el tiempo y qué harías con el dinero.

Quizá creas que soy un enfermo, pero soy de los que disfruto trabajando, me encanta mi trabajo. Me llena el espíritu y los bolsillos. Ayudo a las personas, gano dinero y disfruto en el proceso. Quizás en tu caso tu pasión sea viajar o cualquier otra, pero es importante que de forma específica definas qué harías porque esa visión es la que hará que te mantengas firme cuando en el camino las cosas no salgan como esperas.

«La pasión por lo que haces es lo que suele traer el dinero y no al revés. Muchos esperan estar motivados cuando ganen dinero, pero pueden esperar sentados».

Quizá te lleves una desilusión, pero debes saber que precisamente las personas más ricas del mundo son las que disfrutan de su trabajo y no desean que se acabe nunca. Bill Gates con 58 años sigue inmerso en proyectos de negocios y de ayuda humanitaria o Julio Iglesias, el cantante latino que más discos ha vendido en la historia, sigue haciendo conciertos con 70 años. Dice el sabio que sólo el necio confunde el valor con el precio. Pero en materia económica poco importa el valor que puedas darle a algo, pues son los precios los que rigen en el mercado y, según ese mercado, tu dinero vale más o menos. Puedes valorar muchísimo la casa que tus abuelos te dejaron en herencia en Guadalajara porque allí pasaste tu infancia, pero si esa casa estuviera en el centro de Nueva York valdría mucho más. El valor sentimental nos influye a las personas, pero no al dinero. Te guste o no, así es. Por ello, la independencia financiera también depende de dónde vivas y dónde gastas tu dinero: no es lo mismo vivir en la zona más exclusiva de urbanizaciones privadas de Miami que en un barrio marginal de Río de Janeiro.

«Aprendí que el órgano más delicado del ser humano es el bolsillo. No importa la edad, la cultura, ni las creencias de una persona, a todos nos gusta ganar más dinero y nos molesta perderlo. Pero en materia financiera la mayoría son analfabetos. No tienen dinero porque no saben ganarlo ni administrarlo.

Una vez comienzas a transformar la esfera interna que es tu mente, para convertirla en una mente rica, también debes educarte y adquirir conocimientos específicos sobre las finanzas, esto te servirá para aumentar tu responsabilidad personal con el dinero».

Puede que estés satisfecho con tu situación actual, si es así, te felicito y te hago saber que estás en el grupo minoritario privilegiado, porque la práctica totalidad de las personas se sienten insatisfechas respecto a su tiempo y dinero. Sin duda, todos estamos influenciados por circunstancias externas que no podemos controlar, al menos de forma directa. En el área laboral, si eres empleado, dependes de tus jefes y si eres jefe dependes también en cierta forma de tus empleados. Todos dependemos de las decisiones que los jueces toman respecto a la forma de aplicar las leyes o de los políticos a la hora de fijar nuestros impuestos y así podríamos seguir con una larga lista. Pero poco podemos hacer respecto a las decisiones que otros toman y que nos afectan directa o indirectamente. Lo único que puedes hacer es tomar tu responsabilidad personal en lo que te concierne.

Puedes pedir consejo o asesoramiento a alguien, pero respecto a tus finanzas deberías actuar como con tu salud respecto a los médicos y terapeutas. Puedes seguir sus recomendaciones, pero no olvides que si te cortan un dedo no les dolerá a ellos. Por tanto, en relación a tu dinero, no delegues tu responsabilidad en otros.

Cuando trabajaba como asesor financiero, realicé un estudio visitando de incógnito diversas entidades bancarias para informarme de cuál era la mejor inversión para mi dinero. Cada entidad me ofrecía los productos que en ese momento les interesaba vender, con independencia de mi perfil y mis necesidades, por no hablar de la cantidad de pseudoprofesionales que a la mínima pregunta técnica ponían cara de asombro y acto seguido decían: «Esto lo tengo que consultar». Al fin y al cabo, es sentido común, ¿cómo alguien va a poder aconsejarte para llegar a la independencia financiera cuando él está trabajando por un sueldo? El tiempo ha demostrado qué tipo de «asesoramiento financiero» se practica en general.

«Si quieres llegar a ser rico deberás tomar las riendas de tu futuro profesional y económico. No necesitas ser abogado ni economista, simplemente, necesitas un conocimiento básico acerca del dinero y de cómo obtenerlo de forma continua y repetitiva».

Desde pequeño mis padres me educaron en la cultura del ahorro, pero ¿qué puedo hacer con el dinero que gano para hacerlo crecer?

Son infinitos los sistemas, métodos y negocios con los que puedes alcanzar riqueza y varían en función de la época y el lugar, pero existen dos consejos que puedes aplicar siempre:

I

Si no pones a trabajar tu dinero te pasarás la vida trabajando para él, por eso el mejor consejo financiero es ahorrar cada mes como mínimo la décima parte de tus ingresos e invertir ese capital.

Es algo muy simple y por eso pocos le dan importancia, pero es tan poderoso que si lo haces cambiará tu vida.

II

Se nos ha dicho «quien mucho abarca, poco aprieta», «hombre de muchos oficios, pocos beneficios», pero respecto a tu dinero lo inteligente es todo lo contrario: cuanto más repartas tus ingresos y tus inversiones, mucho mejor. No pongas todos los huevos en la misma cesta.

Escucho a menudo que algunos empleados de banca dicen que no existen productos de riesgo sino diferentes perfiles de riesgo del inversor. Eso es una solemne tontería. Es evidente que hay productos agresivos, que entrañan mayor riesgo, como también los hay más conservadores. Con independencia de tu perfil como inversor, ten claro que para ganar debes estar dispuesto a perder, por ello y como regla principal, te recuerdo que siempre utilizo la diversificación y el dinero que destino a los productos de riesgo siempre es un dinero que puedo permitirme perder, sin que mi economía se resienta. Esto es de vital importancia porque el factor emocional que nos condiciona para mover nuestro dinero siempre debe resguardarse. Por ello, siempre invierto cantidades que no me supongan un bajón emocional si existen pérdidas.

Esta máxima no suele ser aplicada. He visto a muchas personas que se motivan fácilmente con las expectativas de contar con grandes retornos en su inversión, corriendo como desesperadas para amasar más dinero, hasta el punto de arriesgar todo su patrimonio en un solo producto y, cuando se han producido pérdidas –en ocasiones del total de la inversión–, se quedan frustradas y nunca más desean invertir de nuevo en otros productos.

El sentido común nos dice que ambas decisiones no son inteligentes. Como casi siempre en la vida, los extremos no suelen ser los más adecuados, sobre todo si lo que estás buscando es el equilibrio económico.

—Debes saber que incluso careciendo de educación financiera puedes ser rico.

—¿No es ésta una contradicción con todo lo que me ha explicado?

—No. Porque aunque es importante tenerla, más lo es tener la conciencia que produce la riqueza. Muchas personas pasan por la vida sin comprender su auténtico significado. No estamos aquí para atesorar ni acumular bienes materiales, el fin último de tu existencia en la Tierra es perfeccionar tu capacidad de crear y ampliar tu conciencia.

Absolutamente todo tiene conciencia. Esto es algo que pasan por alto la mayoría de personas. Algunos comprenden que los animales y el reino vegetal también están animados por la misma esencia que nosotros, pero muy pocos saben que incluso las cosas que llamamos inanimadas o inertes poseen conciencia.

—¿Las cosas materiales, quiere decir?

—Así es, tu ropa, tu ordenador personal, tu coche y todas tus pertenencias tienen conciencia. Es un error que sólo definamos a algunos como seres vivos, porque absolutamente todo tiene vida. ¿Acaso no ves que hay personas a quienes todo les dura muy poco, otras siempre tienen averías en sus electrodomésticos y aparatos, o problemas continuos con sus casas, mientras que algunas siempre parecen acertar con todo lo que compran.

—Pero eso también es cuestión de suerte.

—Ese concepto sólo existe en el diccionario humano, pero no en el Cosmos.

—¿Me está diciendo que no hay personas más afortunadas que otras?

—Ya te he dicho que si crees en la suerte y en la aleatoriedad de las cosas, estás negando la inteligencia suprema y aceptando de forma inconsciente que hay un poder que decide tu vida, al margen de ti. Pero si conoces el funcionamiento de las leyes universales, sabes que eres creador en base a operar con esos principios o leyes.

A veces te será duro aceptarlo, pero todo lo que está sucediendo en tu vida ha sido pedido por ti, ha sido atraído por ti, ya seas consciente o ignorante de ello.

La teoría es de fácil comprensión, pero en las circunstancias de la vida ordinaria no lo es tanto y muchas personas se rebelan y enojan cuando ven ocurrir en su realidad sucesos que no desean. Ésa puede ser la actitud natural, pero no es la actitud correcta, pues están oponiendo mayor resistencia.

Todo lo que experimentas ha sido creado por ti.

Me parecía increíble lo que estaba escuchando y rápidamente le respondí basándome en mis razonamientos lógicos.

—Conozco a muchas personas que dicen que nunca hubieran imaginado lograr el éxito que han tenido. ¿Cómo es posible, entonces, que lo hayan creado si sus pensamientos no han sido ésos y me está diciendo que tampoco existe la suerte?

—Para que un suceso ocurra en tu vida no es necesario que de una forma expresa y específica hayas estado enfocando tu atención en él, pero sí que lo hayas hecho en conceptos, ideas o sentimientos que atraen esa vibración.

Siempre estás emitiendo una vibración, no puedes evitarlo porque ésa es tu propia esencia. Ésta es la razón por la cual hay personas que tienen lo que tú llamas suerte, que son vibraciones afines a lo que desean y otras que tienen mala suerte o vibraciones enfocadas en lo que no quieren.

En virtud del mismo principio, cuanto mejor te sientes y más abundancia recibes, más fácil es seguir sintiéndote bien y, cuanto peor te sientes, más sencillo es seguir enfocándote en las condiciones indeseadas que te producen malestar.

Las personas que aluden a la mala suerte tienden a excusarse y justificarse por todo lo que les ocurre y actúan como quien se encuentra entre arenas movedizas, cuanto más luchan por salir, más se hunden.

Todas las cosas que tú crees que sólo son materia inerte captan y responden a tus propias vibraciones. Si eres consciente de esto, podrás cambiar tu mente y ya nunca más responsabilizarás a la «suerte» de aquello que te ocurre, o en todo caso serás un generador de «buena suerte», porque de forma deliberada estarás atrayendo y manifestando lo que sí deseas que ocurra en tu vida. Si crees que tienes suerte, estás generando vibraciones de confianza, seguridad y abundancia y esas semillas que siembras son las que más tarde cosecharás.

Todo el potencial de suerte se encuentra en la Fuente. Puedes tener tanta suerte como tú desees y decidas tener. En función de tu propia creencia y de tu enfoque en aquello que te hace sentir bien, sigues produciendo más de eso en tu vida, en justa correspondencia a tu creación mental y emocional. Cuanto más practiques esto, más «suerte» tendrás.

Todas las cosas que ves sólo como materia están hechas de la misma sustancia universal de la cual has sido creado. El dinero, como todo lo demás, también tiene conciencia. Por ello, cuanto mejor sea tu relación con él, mejor te tratará.

—Pero si todo eso es cierto y estas enseñanzas pueden transformar nuestra vida, ¿cómo es posible que desde pequeños no se nos eduque así?

—El poder siempre ha utilizado el conocimiento universal, también llamado oculto o esotérico, y no desea que este saber sea aprendido por las masas, por eso lo banalizan y ridiculizan, pretendiendo hacer creer que esas creencias son propias de ignorantes.

También existen personas que comprenden estas enseñanzas pero no desean admitirlas y se rebelan contra ellas, porque si las aceptaran les confrontaría con ellos mismos y su propia responsabilidad y no podrían entonces culpar a nadie de cuanto les acontece.

Quien habla de la existencia de la suerte o la casualidad es por desconocimiento de las leyes que imperan en el Cosmos.

Las leyes universales y la abundancia

A pesar de que siempre me gustó el conocimiento espiritual y, cuando conocí al millonario anónimo ya había conocido las llamadas 7 leyes de la creación, él me hizo verlas desde una nueva perspectiva y me enseñó cómo influían de forma directa en el dinero para poder beneficiarme con su aplicación.

Ley de mentalismo

«El universo es mental y lo que pensamos tiende a convertirse en nuestra realidad, por ello tus pensamientos mayoritarios constituyen tus experiencias.

Si construyes una mentalidad de riqueza y abundancia, acabará por manifestarse en tu experiencia, de igual modo pensamientos de escasez atraen carencia, limitaciones y pobreza».

Ley de causa-efecto

«Tu presente está predeterminado por las acciones de tu pasado. Tu futuro lo está por cómo vives tu presente. Cada acto tiene sus consecuencias, cada siembra tiene su cosecha. Tú eres quien lo predetermina, pues con cada gesto de amor o de odio atraes más tarde o más temprano los mismos resultados. Por mucho tiempo que puedan tardar los efectos, nada se pierde. Quien miente y engaña, acabará siendo engañado, quien roba, acabará siendo robado.

Enfócate en actuar siempre de forma correcta y usar tu tiempo y dinero en buenos fines, pues serán tus mejores inversiones».

Ley del ritmo

«Todo tiende al equilibrio. Todo tiene sus ciclos de bajadas y subidas. Es el movimiento del péndulo y no puedes evitar sus oscilaciones. Hay fases de crecimiento y otras de descenso. Ahorra en época de bonanza e invierte para que cuando lleguen las "vacas flacas", puedas tener tu granero lleno.

Vive con intensidad el presente, pero sin olvidar que, después del calor, llegará el frío».

Ley de correspondencia

«Como es arriba es abajo. En todas las esferas de la vida existe un grado de correlación de las cosas. Todos los planos, niveles y dimensiones poseen una correspondencia, pero sólo cuando estamos en ese nivel podemos valorarlo en su justa medida. El rico puede comprender lo que siente el pobre sólo si ha sentido lo mismo que él. El pobre puede pensar qué haría si fuera rico, pero no lo sabrá hasta que lo experimente.

Juzgamos las cosas según nuestro nivel. Nuestra óptica en asuntos de dinero se basa en nuestro nivel económico, si sube nuestro nivel, sube nuestra perspectiva».

Ley de vibración

«En el Universo todo está en movimiento constante, en evolución permanente, nada permanece estancado. Cuanto más fluyes con la vida, más lejos te lleva. Si vives acumulando dinero no vas en sintonía con la vida, la economía se estanca cuando retenemos el flujo y se expande cuando lo compartimos. El dinero no debe ser acumulado, sino que debe expandirse».

Ley de correspondencia

«Todo tiene su principio masculino y femenino. Hay un principio positivo y otro negativo. Materialidad y espiritualidad. Esto produce el equilibrio en todos los órdenes de la vida. En el complemento está la totalidad.

No podemos ver el dinero como una energía sólo material sin olvidar que también posee otros dones inmateriales».

Ley de polaridad

Todo es dual y tiene su par de opuestos. Semejantes y antagónicos son lo mismo, pero en distinto grado. Amor y odio, calor y frío tienen idéntica naturaleza, pero difieren en los grados. Enfocando nuestros pensamientos y emociones podemos polarizar la situación que deseamos en uno u otro extremo.

Riqueza y pobreza son el mismo principio pero en distinto polo».

A día de hoy y habiendo transcurrido tantos años desde mi encuentro con el millonario, lo que más recuerdo de él es la fortaleza interior que transmitía y su insistencia en el poder mental que todos poseemos.

—Enfócate mentalmente en lo que deseas y haz que esos pensamientos se te graben a fuego y te acompañen continuamente hasta lograr tus metas. Del mismo modo que el arquero se centra en la diana y usa su arco para dirigir su flecha de forma certera, apunta tu mente hacia tu objetivo sin que nada ni nadie te distraiga. Centra tu mente única y exclusivamente en lo que deseas que ocurra en tu vida.

Puede que te cueste tener la visión de lo que deseas antes de que llegue a ti, pero hay muchas cosas a tu alrededor que están ocurriendo ahora y tampoco puedes verlas. Son muchos los que actúan usando sólo una parte de su mente, tratan siempre de ser analíticos y racionales, pero tan importante es esta conducta, como el no despreciar el poder de la intuición.

Los hombres inteligentes siempre escuchan y aprenden de las mujeres, porque ellas están mucho más conectadas que nosotros con las energías sutiles que nos rodean. Nunca hagas oídos sordos cuando una mujer sensata te diga que tiene un presentimiento respecto a una persona o situación, porque la mayor parte de las veces tendrá razón.

Mi mente estaba excitada y trataba de asimilar todo lo que me estaba ocurriendo esa tarde. Por momentos, cuando miraba al millonario, apreciaba en su rostro un halo misterioso que lo hacía parecer ajeno a este mundo y más cuando me daba consejos como éste:

—Voy a explicarte algo que aprendí de mi mentor, es un hábito sencillo pero sumamente poderoso y a lo largo de la historia ha hecho muchos millonarios: lleva siempre contigo una pequeña libreta y un lápiz.

—¿Sólo eso?

—Sí, pero no lo hagas tan sólo para apuntar las tareas que tienes pendientes del mismo modo que se usan agendas, aunque eso es importante, mi consejo va más allá porque debes anotar en ella tres cosas:

LA PRIMERA

Apunta el nombre y datos de interés de todas las personas que conozcas, aunque creas que no tiene mucha importancia, te aseguro que puede ser fundamental en tu vida.

La palabra que más nos gusta escuchar a las personas es nuestro propio nombre y si, además de hacerlo, recuerdas los nombres de la pareja, sus hijos, las cosas que les gustan y otros detalles de sus vidas, cuando vuelvas a verlos generarás de forma automática empatía, confianza y gratitud en los demás, que son aspectos clave para el éxito en la vida.

LA SEGUNDA

Anota en ella todas las ideas que vengan a tu mente cuando no estés trabajando. Muchas veces las personas intentamos encontrar soluciones a determinados problemas y, cuanto más pensamos, más perdidos nos sentimos, pero cuando nos relajamos suelen venir a nuestra mente las soluciones a todas las situaciones y las ideas más maravillosas aparecen a menudo de forma espontánea. No te fíes de tu memoria, porque a veces a esas ideas no les das importancia y pronto se te olvidan, desperdiciando un regalo precioso. Anota en tu libreta todas las ideas que te lleguen, porque sin duda en algún instante te serán útiles.

LA TERCERA

Durante la noche pon la libreta en tu mesita junto a la cama, pues justo antes de dormir y también al despertar, solemos tener ideas brillantes que muchas veces pasamos por alto y anota también todos los sueños que hayas tenido por la noche, por absurdos que hayan podido parecerte.

Cada noche entramos en un mundo maravilloso y desconocido. A pesar de que cada día soñamos, casi nadie en la Tierra conoce el poder que tienen los sueños y cómo la información que recibimos a través de ellos puede transformar nuestra vida.

Has de saber que he tenido muchas enseñanzas que me han llegado a través de los sueños, pero quiero compartir contigo uno que tuve referente a los negocios:

Un lejano día cuando era joven me desperté durante la noche. Acababa de tener un sueño en el que había visto una bebida que se vendía en otros países con gran aceptación. En mi visión aparecían de forma nítida centenares de personas que la bebían en botellas. Lo apunté en mi libreta y, como tantas otras veces, al llegar el alba realicé mis ocupaciones diarias sin más y acabé olvidando lo ocurrido.

Pocos días más tarde, llegó a mis oídos que una marca extranjera de bebidas estaba buscando inversores para instalarse en el país y, entonces, al instante de forma vívida en mi mente se reprodujo el sueño de las botellas. Un escalofrío recorrió mi cuerpo y supe por intuición que aquél iba a ser un gran negocio. Con los años ha sido una de las mejores inversiones que he realizado, puesto que hoy en día esa marca está consolidada en todo el mundo. Obtuve grandes beneficios gracias a que siempre anoto mis sueños.

No creas que los sueños son sólo producto de tu mente inconsciente y que reflejan vivencias que has tenido durante el día. Muchos sueños son tan reales o más que lo que llamas tu realidad. Mientras duermes tu conciencia no está limitada al cuerpo físico y puede usar toda su capacidad creativa.

Nunca olvides tus sueños y ellos tampoco se olvidarán de ti.

Me despido del millonario

Tras escuchar todas sus enseñanzas y mientras mi mente se esforzaba por asimilar todo cuanto el anciano me había relatado esa tarde, me dijo:
—Todo lo que te he contado se puede resumir en tres consejos:

EL PRIMERO

Nunca dejes de hacerte preguntas. Fórmate e invierte en ti continuamente, estudia y practica todo lo que puedas. Tu mente es tu mejor aliada si la cuidas. No dejes entrar en ella cosas que la ensucien y protégela como el mayor de los tesoros, pensando continuamente en las cosas que deseas como si ya las tuvieras. No seas alguien que simplemente pasa por la vida, sin tener propósitos ni ideales elevados.

EL SEGUNDO

Si gracias a poner en práctica todo cuanto te he contado, algún día llegas a ser millonario y alguien te pregunta cómo te va, sólo di: «Muy bien y ¿a ti?».

La humildad te traerá las mayores recompensas. No olvides nunca quién eres y de dónde vienes. Recuerda que la envidia es una de las mayores lacras de nuestra sociedad y la razón por la cual muchas personas malgastan sus vidas y otras pierden sus fortunas. Que tu mano izquierda no sepa lo que hace tu derecha. Haz de la discreción tu razón de ser.

Y EL TERCERO

Agradece y aprecia cada día como si fuera el último. En este planeta azul estamos de paso, es sólo un peldaño más en la escalera de la evolución. Recuerda que las personas estamos tan pendientes de hacer y tener cosas que nos olvidamos de agradecer todo lo que ya hacemos y tenemos. Nunca malgastes el tiempo, aprovéchalo cuidando cada pequeño detalle y haz todas tus acciones lo mejor que puedas, ayudando siempre a quien te lo pida.

Me sentía tan emocionado y honrado que no sabía cómo poder agradecerle que hubiera compartido conmigo sus profundos conocimientos y, además, que me hubiera ayudado dándome su lista de amigos y así se lo hice saber.

—También yo te agradezco que me hayas escuchado, pero no quiero en ningún momento que creas que soy superior, ni más inteligente o sabio que tú. Simplemente soy alguien que ha recorrido más camino y así debes verme.

Nos levantamos de nuestras sillas y con brillo en mis ojos nos fundimos en un fuerte abrazo. Había estado tan absorto en la conversación con el millonario que había perdido la noción del tiempo y sólo al acabar me di cuenta de que nos habíamos quedado solos en el bar, pues los empleados ya estaban recogiendo. Todavía recuerdo cuando en la puerta de salida me giré y vi su último gesto de bondad, levantando su mano derecha para despedirse y más tarde posándola en su corazón.

Ya en la calle, era noche cerrada y todavía recuerdo que, a pesar del frío, yo parecía no sentirlo, pues era tal mi emoción que todo mi ser estaba centrado en lo que acababa de vivir. Pero mientras caminaba de vuelta a casa, por un momento toqué de pies al suelo y reflexioné, porque aunque el nivel cultural del millonario era muy alto y mucho de cuanto me había relatado tenía sentido, mi mente racional y analítica me bajó de la nube en la que estaba y me puse a pensar si no podía ser que todas aquellas historias fueran producto de su imaginación, puesto que me parecía imposible que una persona con esas vivencias y los grandes contactos que supuestamente poseía fuera alguien anónimo y de buenas a primeras me hubiera estado ayudando.

Como ya era muy tarde, al llegar a casa pensé en olvidarme de la lista y usarla al día siguiente, pero esa noche apenas pude dormir. En mi mente se acumulaban las enseñanzas recibidas y las horas se me hicieron eternas, ansioso porque llegara la mañana y poder comprobar a través de sus amigos si era cierto cuanto me había relatado el anciano.

Por fin llegó el nuevo día y al llegar una hora prudencial, muy nervioso, me dispuse rápidamente a llamar por teléfono a todas las personas de la lista y, para mi sorpresa, todas ellas me respondieron. El millonario anónimo me había dicho la verdad, pues en cuanto comentaba quién me había dado sus datos, todos exclamaban:

—Vaya sorpresa y ¿cómo está? ¡Hace tantos años que no sé nada de él!

Gracias al millonario conocí a personas que de otro modo jamás hubiera llegado a conocer y que serían objeto de otras muchas historias apasionantes. Pasados unos días, quise de nuevo volver a verle para poderle agradecer todo lo que había hecho por mí y sólo entonces caí en la cuenta de que no tenía ningún dato para localizarle. Me había dado los teléfonos de sus amigos, pero no el suyo. Tampoco nadie sabía cómo dar con él, pues no se le conocía familia, siempre estaba viajando y sus conocidos no supieron darme su paradero. Por más que volví al bar repetidas veces nadie lo conocía, pregunté en el vecindario pero tampoco obtuve respuesta. De la misma forma que lo encontré, desapareció y nunca más volví a saber de él.

Hoy, pasados los años, comprendo que el millonario anónimo con sus palabras me dio muchas lecciones, pero la mejor de todas y de la que estoy más agradecido no salió de sus labios sino de su corazón: me ayudó sin conocerme, de forma espontánea y sin pedirme nada a cambio. ¿Acaso existe algo más generoso?

Quizá pienses que tuve un golpe de suerte al encontrarme en mi camino a una persona tan maravillosa. Al inicio yo también lo pensé y creía que la fortuna que en mis empresas se me había negado en un pasado posiblemente había aparecido más tarde. Pero el millonario me había asegurado que absolutamente todo está gobernado por leyes o principios universales y, si eso era cierto, entonces no podía ser fortuito nuestro encuentro. Esa duda rondó por mi mente durante mucho tiempo.

En uno de sus consejos me insistió que nunca dejara de preguntarme el porqué de las cosas y de este modo comprendí que la palabra «fortuna» tiene varios significados, ya que la asociamos a la suerte o el azar, pero también define la riqueza o abundancia. El motivo por el cual sólo a algunas personas les suceden cosas extraordinarias es parte de otra historia, pero deseo despedirme de ti con las últimas palabras del millonario que años después pude recordar:

«Muchos sólo creen en lo que perciben sus sentidos, pero aunque no puedas verla la Diosa Fortuna es tan real como tú mismo, ella te acompaña siempre y, al igual que la mujer que se precia, sólo se entrega a quien la merece».

Mi propia historia
con la libertad financiera

Aunque las palabras del millonario no me sonaban ajenas, a lo largo de los años, he podido comprobar en centenares de personas las actitudes de prejuicios y rechazos inconscientes acerca del dinero. Te pongo como ejemplo que en mis negocios casi siempre he estado vinculado al desarrollo personal y también a las finanzas. Pues bien, mis clientes de inversiones aceptaban de buen grado que yo me interesara por el crecimiento interior, pero muchos de los clientes de este sector no entendían que alguien que imparte cursos de espiritualidad, meditación o crecimiento personal pudiera tener negocios financieros. Esas personas ven el dinero como algo malo y, por tanto, alejan la prosperidad de sus vidas.

El dinero es fuente de poder, constituye una energía muy poderosa, hay numerosos prejuicios sobre él y, a pesar de que a todo el mundo le gusta tener más, no todo el mundo lo admite. Muchas personas tienen con él una relación de amor/odio. Nuestras mentes y el dinero no suelen llevarse demasiado bien, ya que nos protegemos creando barreras y limitaciones.

A pesar de los avances de nuestra sociedad, en ocasiones pienso que hemos vuelto al pasado. Escucho a ciertos gurús manipulando a las personas con verdades a medias y frases como: «El dinero que tienes da la medida de ti». Menuda estupidez. Conozco a muchos ricos sinvergüenzas y a pobres honestos, como hay ricos honestos y pobres sinvergüenzas. El dinero no da la medida de ti, porque básicamente hay dos formas de ganar dinero: siendo honrado y no siéndolo. Puedes ser rico robando, engañando y estafando a las personas. A lo largo de mi trayectoria he conocido a algunos de estos personajes, que hacen de la búsqueda desmedida del dinero a cualquier precio la razón de su vida, convirtiéndola en puro afán materialista. Lo que nadie puede discutir es que lo que haces con tu dinero y tu tiempo es lo que da la medida de ti. Usas tu dinero y tu tiempo como tú decides.

Aunque con todas estas enseñanzas que has leído, el millonario anónimo fue la persona que más me influyó, también he conocido a lo largo de mi vida a otros maestros millonarios, de hecho, cuando tiempo después conocí a mi mentor financiero y me formó en sus pautas de inversión, tuve la prueba definitiva de que lo que me había contado el anciano podía llevar a alguien tan joven a la independencia financiera.

Él apenas tenía 26 años y vivía de renta en Miami, en cambio yo ya tenía 35 y mi cruda realidad era que había sido el típico empresario que trabajaba muy duro, había tenido casi cuarenta personas a mi cargo y muchas responsabilidades, pero no había logrado los resultados financieros que deseaba.

Por ello, a pesar de mi escepticismo inicial, usé el sentido común, pues sus conocimientos, su estilo de vida y la seguridad que me transmitía eran como para tenerlos en cuenta. Los consejos que me dio eran también sencillos pero muy poderosos. Coincidían con la filosofía de vida que me dio el millonario anónimo, pero esta vez provenían de una persona muy joven que ya estaba disfrutando de sus beneficios. Seguí al pie de la letra esas recomendaciones ¡y vaya si funcionan!

En el tema financiero hay unas leyes bien definidas, del mismo modo que las hay en la biología y en los demás órdenes de la vida. ¡Te aseguro que contravenirlas sale muy caro!

Cuando descubrí este conocimiento y empecé a ponerlo en práctica, estaba entusiasmado, había conocido algo extraordinario que iba a cambiar mi vida y, cargado de energía, quise compartirlo con mis amigos. ¿Sabes cuál fue su reacción? Reírse y burlarse de mí. Te aseguro que ni cuando perdí mis empresas no me sentí tan frustrado y humillado. Incluso algunos de mis familiares lo hicieron. La gente a la que más apreciaba y a la que quise ayudar a mejorar su situación financiera me trató como si yo fuera un imbécil al que habían «comido el coco» y le hubieran engañado haciéndole creer que iba a llegar a vivir de renta.

Estas actitudes son las que el millonario me mostró como las propias de los ladrones de sueños. Son personas que no se atreven a luchar por sus propios objetivos y prefieren destruir los de los demás. Aunque a veces no lo hacen de forma consciente y malintencionada, el daño que hacen es el mismo.

En España eran los años del «pelotazo inmobiliario» y en el ámbito de los negocios todo lo que sonara a formación e inversión a largo plazo era tomado a risa. Estuve un tiempo bastante mal, porque si has vivido situaciones parecidas, sabrás que la gente que queremos es la que nos puede hacer más daño. Pero, poco después, ese desprecio fue el que me dio la motivación para trabajar todavía con mayor empeño para lograr mi objetivo: la libertad financiera.

Diez años más tarde, ¿sabes cuál es la realidad? Casi todas esas personas que se burlaron de mí, aunque muchas tienen titulaciones universitarias y masters, están empleadas en trabajos rutinarios o aburridos y con sueldos mínimos, otras ni siquiera tienen trabajo y los que eran empresarios o bien cerraron sus negocios o los mantienen a duras penas y ellos personalmente andan siempre malhumorados y quejándose de todo y de todos.

Por mi parte, gracias a Dios, al millonario anónimo, a todas las otras personas de las que también aprendí y a mi propio trabajo, hoy vivo de mis ingresos pasivos. Lo más gracioso de todo es que algunas de esas personas que se burlaron cuando hace años les mostré mi sueño ahora dicen que simplemente tuve «suerte». Como digo siempre, todos quieren estar en la cima de la montaña, pero son pocos los que hacen el esfuerzo por subirla.

En modo alguno te cuento esto para vanagloriarme, si lo hiciera no seguiría los consejos sabios del millonario, pero tan sólo quiero que sepas que si pretendes hacer algo verdaderamente grande, luchar por tus sueños y destacar entre la mayoría, posiblemente tu gente más cercana no te apoyará y estarás solo en el camino.

La razón es muy simple, la mayoría de personas piensan de forma mediocre, actúan de forma mediocre y en consecuencia tienen vidas mediocres. Recuerda que para lograr tus objetivos no necesitas ser el mejor, sólo debes ser diferente. Como siempre digo en mi eslogan publicitario: «No trates de ser mejor que nadie, sé la mejor versión de ti mismo».

No pienses ni por un segundo que te voy a mostrar ninguna inversión mágica, para hacerte rico, porque eso no existe, al menos yo no la conozco. Si la descubres, avísame. Simplemente me enseñaron que hay unos pasos y principios que conducen al éxito financiero. Seguirlos no es fácil, ya que el camino que te lleva hasta él será estrecho y en el terreno encontrarás muchas piedras. La mayoría no quieren tomar ese camino y prefieren ir por la gran avenida, es muy ancha y sin obstáculos, pero lleva directa al fracaso financiero.

Al margen de mis negocios, quiero mostrarte de forma breve que es lo que he estado haciendo estos últimos diez años con mi dinero y que me ha permitido disfrutar de libertad. He conocido a supuestos expertos y coaches financieros que, tal como me dijo el millonario anónimo, conocen toda la teoría, tienen todo el conocimiento académico, pero ellos están sin un duro. Por ello te invito a que si deseas cambiar tu situación financiera sigas estos pasos escrupulosamente, porque sólo aprender la teoría no hará crecer tu dinero. Con la aplicación práctica de estos principios se llega a la libertad financiera. Puede que conozcas personas que no siguen estos principios y que tienen independencia económica, tras arrancar desde cero, pero te aseguro que serán las excepciones que confirman la regla.

Tampoco quiero excluir que existan otros sistemas, pero esto es lo que yo hice:

- Independientemente de tus ingresos, haz lo que haga falta para poder destinar un dinero a tu ahorro mensual. Lo ideal es un mínimo del 10 por 100 de tus ingresos, pero si tu situación actual te lo impide, empieza por lo que puedas. El dinero procedente del ahorro no debe ser guardado, debes invertirlo. He conocido a muchas personas que nunca ahorran porque creen que no vale la pena hacerlo con pequeñas cantidades y el poco dinero que logran ahorrar lo emplean en cosas superfluas. Es un grave error y esas personas siempre suelen tener escasez económica. Recuerda que toda fortuna empieza con la primera moneda.

- Reduce tus gastos mensuales y no gastes ni un solo euro en «apariencias». Puede que creas que no las tienes, pero escudriña bien tus salidas de dinero y seguro que podrás hallarlas, de ahí podrás incrementar tu ahorro mensual. Conozco a muchas personas que conducen cochazos, pero llegan a duras penas a fin de mes. Dejar el coche y usar transporte público, desayunar en casa en vez de hacerlo en el bar, comparar precios en las tiendas y actitudes similares producen a fin de mes un pequeño ahorro, que en la suma anual, es importante.

- No pidas préstamos para la compra de pasivos. Sólo genera placer a corto plazo y dolor el resto del tiempo. Por ejemplo, hasta que tu situación financiera no sea holgada, no compres una vivienda, vive de alquiler. Recuerda que la vivienda no es un activo, sino un pasivo que genera cargas. En España hemos tenido buena prueba de ello, con el boom inmobiliario.

- Invierte continuamente en tu conocimiento, te recomiendo seminarios y libros de desarrollo personal y financiero. No dejes nunca de aprender. Si crees que eso sale caro, prueba con la ignorancia. Personalmente dedico un mínimo de dos horas diarias a mi formación.

- Si ya tienes un dinero ahorrado empieza a crear tu cartera de inversiones. Si no tienes un capital, destina una cantidad mensual a la inversión sistemática. Cada persona está en una situación distinta, por ingresos, familia, edad..., y no pretendo que esto sea una norma, pero de forma orientativa podrá ayudarte a fijar pautas de planificación de tus inversiones:

- 60 por 100: Productos con liquidez inmediata y sin riesgo. Es lo que llamamos dinero de mano o de bolsillo, como pueden ser las libretas de ahorro, cartillas, cuentas corrientes y similares.

- 20 por 100: Inversión a medio plazo, pueden ser bonos, pías, fondos de renta fija, etcétera.

- 20 por 100: Productos de mayor riesgo e inversión a largo plazo (negocios, divisas, fondos de renta variable, acciones, planes de pensiones...).

Mitos y prejuicios sobre el dinero

Al margen de las enseñanzas que me transmitió el millonario anónimo, te muestro a continuación algunas de las creencias que a lo largo de mi vida he comprobado que de forma mayoritaria tienen las personas sobre el dinero y la riqueza:

- **Trabajando para otro no te harás rico**
Conozco ejecutivos que se han hecho ricos trabajando para otros e invirtiendo su dinero con éxito y empresarios que difícilmente lo serán nunca. Hay empleados con cargos directivos con muchos más ingresos que personas que trabajan por cuenta propia. A pesar de que el empresario puede apalancar su tiempo y crear un sistema que funcione sin su intervención directa, es evidente que hay personas empleadas con altos ingresos y que, además, han sabido crear un alto patrimonio con esfuerzo y disciplina.

- **Los ricos vienen de familia**
Éste es uno de los prejuicios más extendidos, pues comúnmente se cree que la mayoría de los ricos han heredado sus fortunas y, si preguntas al común de personas quién creen que son los ricos del planeta, te dirán que son los hijos o nietos de otros

millonarios, pero eso sólo se confirma en una cuarta parte de las personas ricas, las otras tres terceras partes de los ricos en el planeta crearon ellos mismos su riqueza.

• **Tener más dinero, resuelve tus problemas financieros**
La realidad demuestra que el mero hecho de aumentar nuestros ingresos no tiene por qué resolver nuestra situación económica, es más, en muchos casos la hace empeorar. Por si tienes dudas sobre este aspecto, puedo asegurarte que un gran número de personas que de forma súbita han aumentado sus ingresos, ya sea por «pelotazos», juegos de azar o circunstancias similares, al poco tiempo están en peores condiciones que antaño. El motivo fundamental es que las personas solemos adaptar nuestro nivel de vida a las entradas de dinero y esto produce que personas que se ven de forma repentina en la abundancia, también aumentan de forma proporcional sus gastos. Infinidad de deportistas de élite y artistas millonarios han perdido todas sus fortunas por no hacer un uso inteligente del dinero.

• **Hay que trabajar duro para ser rico**
Duro trabajan las personas que trabajan en el campo o en las minas, y jamás he conocido a uno rico. El cantante Peret cuando le preguntaban sobre los años que llevaba trabajando contestaba que él nunca había trabajado, porque la música era su diversión y que trabajar era lo que hacían los albañiles en la obra. Es evidente que la riqueza no viene de por sí, por trabajar duro o por trabajar más horas, sino por trabajar de forma inteligente tú, y del mismo modo, poner a trabajar tu dinero. Según mi experiencia, puedo decirte que cuanto más dinero he ganado ha sido cuando menos esfuerzo he realizado.

- **El dinero no trae la felicidad**

Existen muchas bromas sobre esta temática, pero usualmente esta frase no tiene sentido y la encuentro absurda. Es obvio que el acumular dinero no trae la felicidad, pero su carencia tampoco. El dinero es fuente de poder y ese poder ya hemos visto que puede utilizarse como desees. El dinero puede aportarte tranquilidad económica y esa situación provoca que, si eres una persona equilibrada, puedas sentirte más feliz. Conozco mucha gente con dinero que están amargados y personas felices a pesar de que pasan penurias económicas, pero también hay ricos felices y pobres amargados. La felicidad no la construye el dinero, sino el carácter.

- **Formarse sobre el dinero te hace rico**

Si eso fuera cierto todos los economistas y profesores serían financieramente independientes. Tener conocimientos financieros es importante pero, como has podido ver a lo largo del libro, sin la aplicación práctica de ciertos principios y hábitos no se llega a la abundancia económica. Y es evidente que la mayoría de personas no lo ponen en práctica.

- **El dinero no es tan importante**

Nadie mejor que una familia que no tenga para comer, a quien estén a punto de desahuciarle o necesite recursos para una intervención de salud para decirle semejante estupidez. El dinero es fundamental. No sé si lo será de aquí a cien años si cambia nuestro modelo de sociedad, pero en la actual es primordial para tener una vida digna.

Índice